# 질문을 꿀꺽 삼킨 사회 교과서

## 한국지리 편

# 질문을 꿀꺽 삼킨 사회 교과서 한국지리 편

초판 1쇄 발행 | 2010년 7월 20일
초판 15쇄 발행 | 2025년 7월 15일

글쓴이 | 박정애
그린이 | 지영이

발행인 | 박장희
대표이사·제작총괄 | 신용호
본부장 | 이정아
편집장 | 문주미
편집·진행 | 김혜영
기획위원 | 박정호
마케팅 | 김주희, 한륜아, 이현지

발행처 | 중앙일보에스(주)
주소 | (03909) 서울시 마포구 상암산로 48-6
등록 | 2008년 1월 25일 제2014-000178호
문의 | jbooks@joongang.co.kr
홈페이지 | jbooks.joins.com
인스타그램 | @j_books

ⓒ박정애, 2010

ISBN 978-89-278-0067-5 14370
   978-89-278-0061-3 14370 (세트)

- 이 책은 저작권법에 따라 보호받는 저작물이므로 무단 전재와 무단 복제를 금하며 책 내용의 전부 또는 일부를 이용하려면 반드시 저작권자와 중앙일보에스(주)의 서면 동의를 받아야 합니다.
- 책값은 뒤표지에 있습니다.
- 잘못된 책은 구입처에서 바꿔 드립니다.

주니어중앙은 중앙일보에스(주)의 어린이 책 브랜드입니다.

## <질문을 꿀꺽 삼킨 사회 교과서-한국지리> 이렇게 구성되었어요!

### 1. 세상에 하나뿐인 나만의 선생님!
교과서를 가장 잘 아는 학교 선생님이 공부에 대한 방향을 안내해 줘요.

### 2. 배울 내용을 한눈에 파악할 수 있는 핵심 키워드!
제목만 봐도 교과서에서 꼭 알아야 할 중요 핵심을 한눈에 파악할 수 있어요.

### 3. 공부를 즐겁게 만드는 만화!
재미난 만화로 시작해서 내용에 대한 이해가 더 쉬워요!

**꿀꺽 교과서와 함께 공부해요.**
- 2학년 1학기_5. 함께 사는 우리_1)우리 마을에는 무엇
- 3학년 1학기_1.우리 고장의 모습_1)하늘에서 본 우리
  1.우리 고장의 모습_3)고장 사람들이 하
  1.우리 고장의 모습_4)마을의 그림지도
- 4학년 1학기_1.우리 지역의 자연 환경과 생활 모습_1
  1.우리 지역의 자연 환경과 생활 모습_2
  3.더불어 살아가는 우리 지역_5)우리 지

### 교과 연계를 한방에!
각 장마다 학년별 교과 연계가 표시되어 있어서 필요한 부분을 쉽게 찾을 수 있어요.

### 4. 중요한 핵심 내용을 콕 짚어 주는 한 번에 밑줄 좍!

꼭 알아야 할 내용에 선생님이 직접 밑줄을 그어 강조했어요.

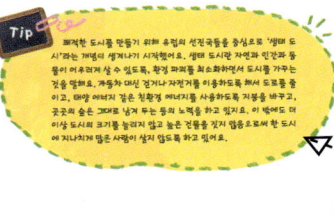

### 5. 알짜배기 정보만 다시 알려 주는 묻고 답하기!

말풍선과 캐릭터를 이용한 묻고 답하기 형식으로 머릿속에 개념을 쏙쏙 넣어 줘요.

### 6. 덤으로 하나 더 얻는 지식 정보!

본문에서 더 알아야 할 내용을 정리했어요. 정보가 곧 지식인 아이들에게 아주 유용해요.

### 친절한 낱말 풀이!

아이들이 책을 읽다 모르는 낱말 때문에 흐름이 끊기지 않도록 쉽게 설명했어요.

 ## 질문을 풀쩍 삼킨 사회 교과서 - 한국지리

　초등학생들이 많이 어려워하는 과목 가운데 하나가 바로 사회예요. 어렵게 느끼는 이유로 "용어가 어렵다.", "외울 것이 많다."라는 불만을 자주 듣게 되지요. 사회 가운데 지리 부분에 대한 의견 역시 마찬가지예요. "특산물 외우기가 힘들다.", "강 이름, 평야 이름 외우기가 힘들다." 하고 이야기를 하고는 해요.

　하지만 여러분이 지리를 어려워하는 이유가 정말 외울 것이 많다는 것 때문일까요? 이해가 안 되니까 외우려고 했던 것이 아닐까요? 지리적 사실이 어떤 과정을 거쳐 만들어졌는지 이해한다면 굳이 애쓰지 않아도 저절로 외워지게 마련이에요. 나아가 사실들 간의 공통점이나 차이점에 대해 알고 있거나, 관련 용어들의 명확한 의미를 알고 있는 경우에도 마찬가지예요. 내용이 이해가 잘 되니까 머릿속에 저절로 남게 되지요.

　이 책에서는 여러분이 평소에 지리 학습에 대해 가졌던 어려움을 덜어 주려고 해요. 축척, 기후, 평야, 산업, 촌락 같은 용어들의 정확한 의미를 알려 주고, '우리나라의 평야는 서쪽에 많다'와 같은 사실을 무턱대고 외우지 않고 이해할 수 있도록 왜 그런지 이유를 자세히 설명해 주었어요. 지도, 기후, 지형, 산업, 인구, 도시, 촌락을 주제로 7개로 장을 나누고, 각 장마다 여러분이 어려워할 만한 용어나 내용을 중심으로 가상의 질문을 선정한 뒤 그 질문에 대해 최대한 자세히 답변하려고 노력했답니다.

　부디 이 책을 통해 여러분이 지리 공부에 대한 부담감을 덜어 내기를 바라며, 지리는 외우기보다는 이해하면 쉬워진다는 깨달음을 얻기를 바랍니다.

박정애

질문을 꿀떡 삼킨 사회 교과서 - 한국지리

### 1장 우리나라의 지도

지도가 뭐예요?_지도 14
지도는 모두 똑같이 생겼나요?_지도의 종류 16
지도는 왜 필요한가요?_지도의 필요성 18
방위가 뭐예요?_방위 20
어디가 동쪽이고 어디가 서쪽인지 어떻게 알아요?_방위 찾는 방법 22
축척이 뭐예요?_축척 24
축척이 크다, 작다는 어떻게 구분하나요?_축척의 크기 26
기호가 뭐예요?_기호 28
등고선이 뭐예요?_등고선 30
등고선은 어떻게 그려요?_등고선 그리기 32
지도를 보면 실제 거리를 알 수 있나요?_거리 계산하기 34
내가 있는 곳의 실제 높이를 어떻게 알 수 있나요?_등고선 읽기 36
지도에서 색깔 구분이 뜻하는 것은 무엇인가요?_고도의 색깔 구분 38
그래프(도표)는 수학에서 필요한 것 아니에요?_그래프 40
꺾은선 그래프와 원그래프는 언제 사용하나요?_그래프의 종류 42

### 2장 우리나라의 기후

날씨와 기후는 어떻게 달라요?_기후 46
우리 집 온도계의 온도가 기온인가요?_기온 50
내리는 비를 모두 모은 것이 강수량인가요?_강수량 52
기후를 그래프로 나타낸다고요?_기후 그래프 54
우리나라의 기후에는 어떤 특색이 있나요?_우리나라 기후의 특색 56

왜 남부 지방과 해안 지방이 겨울에 더 따뜻한가요? _기온의 남북 차이 58
계절에 따른 날씨는 어떤가요? _계절 구분 60
울릉도에는 왜 눈이 많이 내리나요? _다설지 62
기후가 다르면 입는 옷이 달라지나요? _기후와 의생활 64
기후는 우리가 먹는 음식에 어떤 영향을 주나요? _기후와 식생활 66
남부 지방에서는 짜게, 북부 지방에서는 싱겁게 먹는 이유가 뭐예요? _음식의 지역 차이 68
남부 지방과 북부 지방의 집 모양은 왜 달라요? _기후와 주생활 70
온돌을 왜 최고의 난방 기법이라고 하나요? _온돌 72
이상 기후는 이상한 기후라는 뜻인가요? _기후의 변화 74
지구 온난화가 대량 살상 무기라고요? _지구 온난화 76

### 3장 우리나라의 지형

얼마나 높아야 '산'이라고 하나요? _산 80
산지는 어떤 곳이에요? _산지 82
하천이 뭐예요? _하천 84
평야는 처음부터 평평했나요? _평야 86
분지는 어떻게 생긴 땅이에요? _분지 88
해안은 어떤 곳이에요? _해안 90
갯벌을 왜 '바다의 밭'이라고 하나요? _갯벌 92
우리나라 산지에는 어떤 특색이 있나요? _우리나라 산지의 특색 94
우리나라 하천에는 어떤 특색이 있나요? _우리나라 하천의 특색 96
넓은 평야를 보려면 어디로 가야 하나요? _우리나라 평야의 분포 100
낙동강 삼각주는 정말 삼각형 모양인가요? _삼각주 102
제주도와 울릉도는 쌍둥이인가요? _화산섬 104
동해안과 서해안은 왜 다르게 생겼어요? _동·서해안의 차이 106

차례

## 4장 우리나라의 산업

농업은 어떤 활동을 말하나요?_농업 112
고도가 높은 산지에서도 농사를 짓나요?_고랭지 농업 114
대도시 근처에서는 왜 벼농사를 짓지 않나요?_근교 농업 116
농산물에도 상표가 있나요?_특산물(농산물) 118
우리 집 어항에 금붕어를 키우는 것도 어업인가요?_어업 120
대게를 먹으려면 동해로 가야 한다고요?_특산물(수산물) 122
공업은 어떤 활동을 말하나요?_공업 124
공장은 어떤 곳에 세워야 하나요?_공장의 입지 조건 126
상업과 서비스업은 서로 사촌인가요?_상업과 서비스업 128
1차, 2차, 3차 산업은 어떻게 달라요?_산업의 분류 130

## 5장 우리나라의 인구

인구가 뭐예요?_인구 134
인구 피라미드는 사람을 피라미드처럼 쌓은 건가요?_인구 피라미드 136
사람들이 많이 사는 곳과 적게 사는 곳에는 어떤 차이가 있나요?_인구 분포 138
사람들이 다른 곳으로 옮겨 가는 이유는 무엇인가요?_인구 이동 140
남자와 여자의 인구수가 다른 것도 문제가 되나요?_인구 문제 142
우리나라의 인구는 어떻게 변해 왔나요?_인구 변화 144
우리나라 사람들은 어디에 많이 살고 있나요?_우리나라 인구 분포의 특색 146
우리 국토의 모습이 머리만 큰 가분수 같다고요?_수도권 인구 집중 148
저출산, 고령화 문제가 왜 심각한 거예요?_인구 고령화 150
저출산, 고령화 문제를 해결할 방법은 없나요?_인구 문제 해결 방안 152

## 6장 우리나라의 도시

도시는 어떤 곳이게요? _도시 156
사람만 많이 살면 도시가 도 나요? _도시화 158
도시가 되면 행정 구역 이름도 바뀐다고요? _행정 구역 구분 160
가장 면적이 큰 도시를 뭐라고 부르나요? _도시의 종류 162
우리나라에서 도시가 많은 곳은 어디예요? _도시 분포 164
위성 도시와 인공위성은 어떤 사이예요? _위성 도시 166
도시 문제는 왜 나타나나요? _도시 문제 168

## 7장 우리나라의 촌락

촌락은 어떤 곳이에요? _촌락 172
농사짓는 마을에서는 어떻게 살아가나요? _농촌 174
바닷가 마을에서는 어떻게 살아가나요? _어촌 176
산간 마을에서는 어떻게 살아가나요? _산지촌 178
촌락에는 왜 할머니, 할아버지만 계실까요? _촌락 문제1 180
왜 사람들이 촌락을 떠나고 있나요? _촌락 문제2 182
촌락을 '살고 싶은 곳'으로 바꿀 수는 없나요? _촌락 문제 해결 방안 184

## 교과서와 함께 공부해요.

- **2학년 1학기**_5. 함께 사는 우리_1)우리 마을에는 무엇이 있는지 살펴봅시다.
- **3학년 1학기**_1.우리 고장의 모습_1)하늘에서 본 우리 고장
  　　　　　　　1.우리 고장의 모습_3)고장 사람들이 하는 일
  　　　　　　　1.우리 고장의 모습_4)마을의 그림지도
- **4학년 1학기**_1.우리 지역의 자연 환경과 생활 모습_1)우리 지역이 자리 잡은 곳
  　　　　　　　1.우리 지역의 자연 환경과 생활 모습_2)우리 지역의 자연 환경
  　　　　　　　3.더불어 살아가는 우리 지역_5)우리 지역의 안내도

지도는 왜 필요한지, 지도의 기호는 무엇을 뜻하는지, 동서남북을 어떻게 구분하는지 등 지도와 그래프 보는 법에 대해 배워요.

# 1장
## 우리나라의 지도

"우리 땅의 모습과 백성들이 살고 있는 모습을 알아야겠다. 구석구석 자세히 그려 오너라."

임금님께서 이런 명령을 내리셨어요. 땅의 모습과 백성들이 사는 모습을 그려 오라고요? 아니, 그걸 다 어떻게 그리라는 말씀이신지…….

임금님이 말씀하신 땅의 모습이란 무엇을 말할까요? 산과 강, 바다, 평야를 말해요. 이런 것을 자연 환경이라고 하지요. 백성들이 사는 모습은 또 무엇을 말할까요? 농사를 짓고 사는지, 고기를 잡고 사는지, 장사를 하고 사는지, 어디에 마을을 이루고 사는지를 말하는 거예요. 다시 말해 논, 밭, 집, 시장, 마을, 길처럼 사람들이 만들어 놓은 인문 환경을 말해요.

그렇다면 이런 여러 가지 모습을 어떻게 그려야 할까요? 예를 들어 우리 동네를 지도로 그린다고 할 때 산, 도로, 주택, 학교, 병원 등을 우리 동네 크기만 한 종이에 모두 그릴 수는 없어요. 그러니 한눈에 볼 수 있는 크기의 종이에 줄여서('축척'을 이용해요) 그려야 할 거예요. 우리 동네 그림 지도처럼 말이에요.

하지만 우리 동네보다 더 넓은 지역을 그리려면 어떻게 해야 할까요? 크기를 줄이기만 해서는 안 되겠지요. 수많은 도로와 건물들도 일일이 그릴 수 없으니 간단히 표현해야 할 거예요. 그래서 기호를 사용해요. 또 한 가지 문제는 높은 산이 있을 경우 그것도 그려야 한다는 것인데, 종이에 산의 높이를 그려야 하니 특별한 방법('등고선'을 이용해요)도 필요하겠지요. 이렇게 해서 땅 위의 모습을 그린 것이 바로 지도랍니다.

그러면 지도를 한마디로 뭐라고 말할 수 있어요?

지도란 地(땅 지) 圖(그림 도)로 '땅의 그림'이라고 할 수 있어요. 즉, '실제 땅 위의 모습을 기호와 등고선을 이용해서 일정 비율로 줄여 알기 쉽게 표현한 것'이라고 할 수 있답니다.

그런데 '축척'과 '등고선'이 뭔지 궁금하지요? 쭉 읽어 나가다 보면 뒤에서 자세하게 나온답니다.

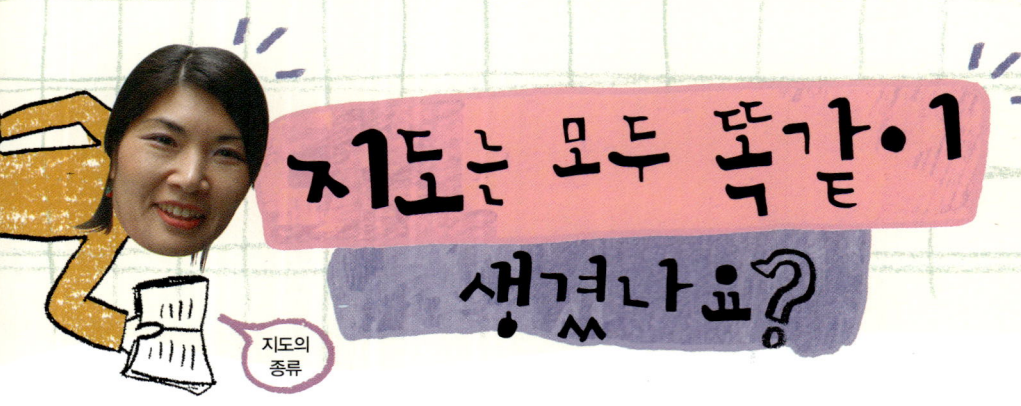

# 지도는 모두 똑같이 생겼나요?

지도의 종류

동네에서 흔히 볼 수 있는 전단지에 실려 있는 약도(간단한 지도)는 지도일까요, 아닐까요? 약도도 지도랍니다. 교실 뒤에 붙어 있는 우리나라 전도도 지도이지요. 모양은 다르지만 둘 다 지도라는 것은 같아요.

지도의 종류에는 어떤 것들이 있어요?

지형도, 교통 지도, 관광 지도, 인구분포도, 기후도 등 지도의 종류는 아주 다양해요.

동네 그림 지도

가장 먼저 우리 동네 그림 지도처럼 정해진 기호는 없지만 실제 모습과 가장 비슷하게 그린 지도가 있고요. 그 다음으로 가장 대표적인 지도인 지형도가 있어요. 이름은 지형도이지만 산, 강, 평야와 같은 지형만 나타낸 것이 아니고 땅 위에 있는 대부분의 것들을 표현한 지도예요. 논, 밭, 학교, 공장, 주택, 도로, 경찰서, 방송국, 시청 등이 모두 나타나 있어서 어떤 지역을 전체적으로 파악하고 싶을 때 매우 유용하지요.

지형도를 기본으로 해서 이 가운데 어떤 한 가지 내용만 보고 싶을 때에는 그것만 표현한 지도를 보면 돼요. 예를 들어 도로와 철도를 자세히 나타낸 교통 지도가 있고요. 논, 밭, 과수원, 공장, 주택 등 땅을 어떻게 이용하는지 나타낸 토지 이용도, 주요 관광지와 유적지를 자세히 나타낸 관광 지도도 있어요.

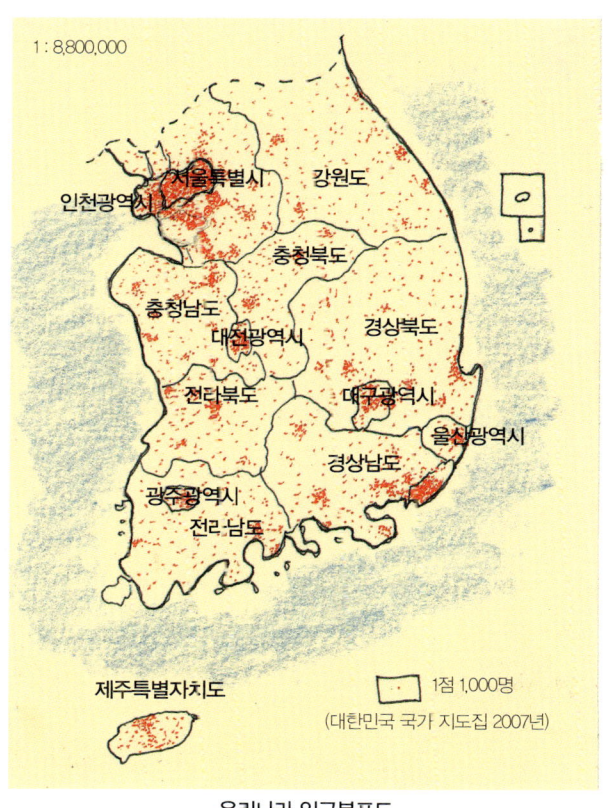

우리나라 인구분포도

그런데 지도가 항상 실제로 보이는 땅 위의 모습단 나타내는 것은 아니에요. 우리나라 사람들이 어디에 얼마나 살고 있는지 점을 찍어 보여 주는 인구분포도, 도시의 위치와 크기를 보여 주는 도시 분포도도 있어요. 우리나라의 평균적인 기온 또는 강수량이 지역마다 어느 정도 되는지 보여 주는 기후도도 있지요.

# 지도는 왜 필요한가요?

지도의 필요성

보물을 숨겨 놓은 곳은….

친구의 생일잔치에 초대를 받았어요. 친구에게 집이 어디냐고 물었더니 친구는 "우리 집은 구청 앞에서 길을 건너 골목으로 들어가서 쭉 가다가 왼쪽으로 꺾어서……."라고 가르쳐 주었어요. 무슨 소리인지 통 모르겠어요. 그냥 간단히 약도를 그려 준다면 쉽게 찾아갈 수 있을 텐데 말이에요. 이처럼 지도는 내가 모르는 장소에 처음 찾아갈 때 꼭 필요하답니다.

지도는 내가 모르는 장소를 처음 찾아갈 때에만 필요한가요?

그렇지 않아요. 지도는 낯선 곳으로 여행을 갈 때 여행의 순서와 시간을 미리 계획하기 위해서도 필요하고, 가 보지 않은 곳에 대해 궁금한 것이 있을 때에도 필요해요.

낯선 곳으로 여행을 간다고 생각해 보세요. 내가 가고 싶은 A, B, C, D 장소가 실제로는 A→C→B→D의 순서로 있는데 무턱대고 순서 없이 방

문한다면 엄청난 시간과 비용의 낭비가 생겨요.

　미리 지도를 보고 각 장소의 위치를 확인한다면 여행의 순서를 제대로 잡을 수 있지요. 뿐만 아니라 한 장소에서 다른 장소로 이동하는 데 걸리는 시간도 대략 예측할 수 있어서 보다 짜임새 있게 여행을 할 수 있어요. 이처럼 지도를 보면 여행의 순서와 시간을 미리 계획할 수 있지요.

　지도가 필요한 또 한 가지 이유는 그곳에 가지 않아도 그곳을 알 수 있다는 거예요. 예를 들어 이웃 나라 일본에 대해 알고 싶을 때 일본의 지도를 들여다보면 어떤 산맥과 평야가 있고 어떤 강이 흐르고 있는지, 어디에 어떤 도시가, 어떤 문화 유적이 있는지 모두 알 수 있어요. 지도는 정말 편리한 도구이지요.

# 방위가 뭐에요?

방위

우리 학교 뒤에는 산이 있고 앞에는 경찰서와 소방서가 나란히 있고 옆에는 달래 아파트가 있어요. 이 모습을 지도로 그려 볼까요? 그런데 학교 뒤가 지도의 위쪽인지 아래쪽인지, 학교 앞이 지도의 오른쪽인지 왼쪽인지, 학교 옆은 지도의 대각선 방향인지 어디인지 감을 잡을 수가 없어요. 어쩌지요? 이때 우리에게 필요한 것이 무엇일까요? 바로 '방위'랍니다.

방위가 뭐예요?

쉽게 말하면 방향을 말해 주는 어떤 기준이에요. 어떤 방향을 가리킬 때 흔히 쓰는 동, 서, 남, 북을 방위라고 해요.

그럼 위의 내용을 방위를 이용해서 표현해 볼까요?

어디가 어딘지 모르겠어!

"우리 학교의 북쪽에는 산이 있고, 남쪽에는 경찰서와 소방서가 나란히 있고 남동쪽에는 달래 아파트가 있어요."

어때요, 위치가 좀 더 명확해졌지요? 이제 지도로 그리기가 더 쉬워졌어요. 그런데 문제가 또 있어요. 지도에서 어디가 북쪽이고 어디가 남쪽인지 알 수가 없어요. 이때 사용하는 것이 4 모양의 표시예요. 윗부분이 북쪽을 가리키도록 지도 한 켠에 4를 그리면 무조건 오른쪽은 동쪽, 왼쪽은 서쪽, 아래쪽은 남쪽이 되는 거예요. 만약 지도에 4가 표시되어 있지 않을 경우에는 지도의 위쪽을 북쪽으로 생각하면 돼요.

이제 방위가 무엇인지 알았고 학교와 경찰서, 소방서, 아파트의 위치도 명확해졌네요. 위쪽의 그림 지도처럼 간단한 동네 지도를 그려 보세요.

# 어디가 동쪽이고 어디가 서쪽인지 어떻게 알아요?

일상생활에서 방위를 알려면 우선 나침반이 필요해요. 나침반을 평평한 곳에 놓고 바늘이 멈추기를 기다리세요. 바늘의 빨간색 부분이 가리키는 곳이 북쪽이에요. 북쪽을 바라보고 서서 오른손을 옆으로 쭉 벌린 쪽이 동쪽, 왼손을 쭉 벌린 쪽이 서쪽, 뒤쪽이 남쪽이에요. 그리고 동서남북 사이사이의 대각선 방향은 북동쪽, 동남쪽, 남서쪽, 북서쪽 등으로 말하면 돼요.

옆 그림을 보고 따라 해 보세요. 가장 북서쪽의 첫 번째 칸에서 출발하세요. 3칸을 동쪽으로 간 뒤 남쪽으로 2칸을 내려오고, 남서쪽으로 1칸을 간 뒤 북쪽으로 2칸을 간 곳에 색칠을 해 보세요. 어디일까요? 그래요. 출발점에서 오른쪽으로 두 칸 가서 아래로 한 칸 내려간 곳이에요.

나침반이 없을 때에는 어떻게 하면 방위를 알 수 있어요?

나침반이 없을 때에는 해가 뜨고 지는 방향을 찾으면 돼요. 우리나라에서는 해가 동쪽에서 떠서 남쪽을 지나 서쪽으로 지거든요. 해가 뜨는 방향만 알면 시계 방향으로 돌아가며 남쪽, 서쪽, 북쪽을 찾을 수 있어요.

재미삼아 내 방에서 해가 뜨는 쪽의 벽면에 동을 붙이고 그 반대편 벽에 서를 붙인 뒤 남과 북의 방향을 찾아서 붙여 볼까요? 아마 방위가 헷갈리는 일은 없을 거예요.

이 밖에도 밤에 가장 반짝이는 별인 북극성이 떠 있는 곳을 찾으면 그쪽이 북쪽이에요. 산에 눈이 빨리 녹는 쪽을 찾는 방법도 있어요. 그쪽이 햇빛을 많이 받는 남쪽이랍니다.

# 축척이 뭐예요?

축척

가로, 세로 10cm 크기의 종이에 우리 동네의 모습을 모두 담을 수 있을까요? 물론이에요. 크기를 줄여서 표현하면 되니까요. 이럴 때 필요한 것이 '축척'이랍니다.

축척이 뭐예요?

축척은 실제 거리를 얼마나 줄였는지 나타내는 비율이에요.
흔히 다음과 같이 표현하지요.

- 비례식으로 표현하기　　1 : 15　　1 : 6　　1 : 1,000　　1 : 5,000,000
- 분수식으로 표현하기　　$\frac{1}{15}$　　$\frac{1}{6}$　　$\frac{1}{1000}$　　$\frac{1}{5000000}$
- 막대그래프로 표현하기　0＿＿15km　0＿＿6km　0＿＿1,000km　0＿＿5,000,000km

그럼 축척에 대해 좀 더 알아보기로 해요.

가로 2cm, 세로 3cm의 공간에 야구공과 내 얼굴, 우리 집, 우리나

| 야구공 | 내 얼굴 | 우리 집 | 우리나라 |
|---|---|---|---|

라의 모양을 꽉 차게 그려 보세요.

실제 크기를 가장 많이 줄인 것은 무엇인가요? 그래요, 우리나라이지요. 가장 조금 줄인 것은 야구공이고요. 그러면 얼마나 줄였을까요? 실제 크기 몇 cm를 1cm로 줄였는지 생각해 보세요. 먼저, 야구공은 6cm 정도를 1cm로 줄인 것과 같고 내 얼굴은 15cm 정도를 1cm로 줄인 것과 같아요.

그런데 우리 집과 우리나라는 너무 커서 가늠하기가 어려워요. 우리 집과 우리나라는 실제 거리 1,000cm(10m)와 5,000,000cm(50km) 정도를 1cm로 줄였다고 보면 된답니다. 다시 말해서 야구공은 $\frac{1}{6}$로 줄인 것이고, 내 얼굴은 $\frac{1}{15}$로, 우리 집은 $\frac{1}{1000}$로, 우리나라는 $\frac{1}{5000000}$로 줄인 거예요. 이렇게 실제 거리를 얼마나 줄였는지 나타내는 것이 축척이랍니다.

축척을 얼마로 할 것인지 정한 뒤에는 모든 것을 그 비율로 똑같이 줄여야 해요. 하나의 지도 안에서 우리 집은 $\frac{1}{1000}$로 줄이면서 학교는 $\frac{1}{2000}$로 줄이고 산은 $\frac{1}{5000}$로 줄이면 안 된다는 것이지요. 같은 비율로 줄여야만 실제 땅 위의 모습과 같아질 수 있어요.

그러면 우리 동네를 $\frac{1}{5000}$로 줄인 지도와 $\frac{1}{10000}$로 줄인 지도 가운데 어떤 지도의 축척이 더 커요?

5,000cm를 1cm로 줄인 앞의 지도가 더 조금 줄인 것이니까 더 자세하겠지요. 이때 $\frac{1}{5000}$로 줄인 지도가 $\frac{1}{10000}$로 줄인 지도보다 "조금 줄였으니 축척이 작다."라고 말하는 친구들이 있을 거예요. 하지만 $\frac{1}{5000}$으로 줄인 지도의 축척이 더 크답니다. 그 이유는 다음과 같아요.

축척의 크기를 말할 때에는 반드시 분수로 바꾼 뒤 비교해야 해요. 분수는 분모가 작을수록 크기가 커지니까 앞 지도의 축척이 더 큰 거랍니다.

$$1 : 5{,}000 \rightarrow \frac{1}{5000} \qquad 1 : 10{,}000 \rightarrow \frac{1}{10000}$$

다시 정리하면 분모가 작을수록 축척이 큰 것이고 조금 줄인 거예요. 따라서 더 자세한 지도라고 말할 수 있어요. 예를 들어 아래의 두 지도를 비교해 보세요. 어떤 지도가 더 자세한가요? 어떤 지도의 축척이 더 큰가요? 맞아요, 두 질문 모두 오른쪽 지도가 정답이에요.

왼쪽 지도의 1cm는 실제 거리가 1,000,000cm, 즉 10km이고 오른쪽 지도의 1cm는 실제 거리가 50,000cm, 즉 500m예요.

이천시와 주변 지역(소축척)

이천시 중심 지역(대축척)

축척이 큰 지도를 대축척 지도, 축척이 작은 지도를 소축척 지도로 구분하기도 해요. 예를 들어 축척이 1 : 1,000이나 1 : 5,000 정도인 지도는 대축척 지도이고요. 축척이 1 : 100,000이나 1 : 1,000,000 정도인 지도는 소축척 지도라고 해요.

아래는 어떤 지역의 모습을 묘사한 글이에요. 이 내용을 지도로 그리려고 해요.

철도가 남서쪽에서 북동쪽으로 놓여 있고, 서쪽에는 산이 있으며, 산에서부터 강이 동쪽으로 흐른다. 산의 남서쪽에는 절이 하나 있고 강의 북쪽, 철도의 서쪽에는 호수와 숲이 보인다. 강을 따라서 도로가 놓여 있고 철도와 도로가 만나는 곳에는 마을이 있다.

그런데 작은 공간에 모두 그리기에는 너무 복잡하고, 대충 그리자니 사람들이 몰라볼 것 같아요. 어쩌면 좋지요? 차근차근 생각해 보세요. 크기를 줄인 뒤에는 어떻게 하면 될까요? 그래요, 간단히 표현하면 되겠지요. 나라면 어떻게 간단히 표현할지 말풍선 안에 그려 보세요.

하지만 사람들이 각자 나름대로 산, 호수, 도로 등을 표현한다면 다른 사람이 어떻게 알아볼 수 있어요?

그래서 모두가 알아볼 수 있도록 약속을 만들었어요. 이렇게 모두 함께 약속해 놓은 표시를 '기호'라고 한답니다.

|  | 기호 |  | 기호 |
|---|---|---|---|
| 철도 | ┼┼┼┼┼ | 명승고적 | ∴ |
| 도, 특별시, 광역시 경계 | ‹·› | 광산 | ✕ |
| 제방 | ┬┬┬┬┬ | 학교 | 🏫 |
| 밭 | ㅠ | 절 | 卍 |
| 논 | ㅛ | 시, 군청 소재지 | ◎·◉ |
| 과수원 | ○ | 산 | ▲ |
| 다리 | )( | 폭포 | ∷ |

　지도에는 산, 강, 숲, 평야와 같은 자연 환경뿐 아니라 건물, 도로, 문화 유적, 밭과 같은 인문 환경까지 다양한 모습들을 담아야 해요. 이렇게 많은 내용이 들어가기 때문에 크기를 아무리 줄여도 실제 모습처럼 그릴 수는 없지요. 그래서 간단한 기호를 이용해서 그리는 거예요. 그리기도 쉽고 알아보기도 쉽고, 여러 가지로 편리하니까요.

# 등고선이 뭐예요?

실제 모습을 지도로 그리려면 무엇이 어느 쪽에 있는지 방향을 알아야 하고 실제 크기를 줄여야 할 뿐 아니라 복잡한 내용을 간단히 표현해야 해요. 그래서 방위, 축척, 기호에 대해 알아보았어요.

그런데 한 가지 문제가 더 남아 있어요. 높은 산은 어떻게 표현해야 할까요? 땅이 높고 낮은 것을 지도에서 어떻게 보여 주어야 할까요? 이때 필요한 것이 바로 '등고선'이에요.

등고선이 뭐예요?

등고선은 높이가 같은 지점들을 연결한 선이에요. 한자로 等(같을 등) 高(높을 고) 線(그을 선), '높이가 같은 선'을 뜻하지요.

예를 들어 아래와 같이 생긴 산이 있어요. 이 산을 하늘에서 내려다본 모습을 간단히 그리면 그 아래 그림과 같을 거예요. 그런데 이 모양만 그려 놓고 정상에 ▲ 기호만 표시해 놓는다고, 사람들이 이것으로 산이 있는 지형의 높이에 대해 제대로 알 수 있을까요? ▲부분만 산이고 나머지는 평평하다고 생각하지 않을까요?

뭔가 땅의 높이를 나타내는 방법이 필요해요. 즉, 100m 높은 곳과 200m 높은 곳을 구분하는 방법이 필요하다는 거예요. 쉬운 방법은 높이가 0~100m인 지점들은 빨간색으로, 100~200m 인 지점들은 노란색으로 칠하는 거예요. 어떤 색을 사용할 것인지는 서로 약속해서 정해야 해요. 하지만 이 방법은 좁은 지역을 자세히 나타내거나 색깔을 거의 쓰지 않는 지도에는 사용할 수 없어요. 이 경우에는 같은 높이의 지점들을 선으로 연결하면 높이를 쉽게 구분할 수 있지요. 이 선이 바로 '등고선'이랍니다.

31

등고선 그리기

등고선은 어떻게 그리는 거예요?

앞에서 나온 산 모양을 다시 한 번 보세요. 그런 다음 왼손을 주먹 쥐고 주먹에서 앞의 산 모양과 비슷한 모양을 찾아보세요. 손등의 세 번째와 두 번째 뼈를 보면 비슷하지요(내 손이 작아서 잘 안 보이면 아빠 손을 빌려 보세요). 이제 오른손에 펜을 들고 높이가 같은 곳을 따라 선을 그어 보세요. 가장 낮은 곳, 중간 정도 되는 곳, 가장 높은 곳, 이렇게 세 개의 선을 긋고 가장 낮은 선에 0(m는 생략해요), 그 다음 선에 100, 가장 높은 선에 200을 적으세요. 나지막한 주먹산에 높이가 같은 지점을 연결해서 선을 세 개 그어 준 거예요. 이 선이 바로 등고선이랍니다.

이제 이 세 개의 선을 평면인 지도 위에 그리기만 하면 어디가 높고 어디가 낮은 곳인지 알기 쉬워질 거예요. 그냥 선과 숫자일 뿐인데 어떻게 쉽게 알 수 있느냐고요?

주먹 쥐고 있던 손을 살살 펴 보세요. 눈치챘나요? 와! 입체적으로 보였던 선들이 평면으로 바뀌었어요. 이 모양을 지도에 그대로 그려 보세요.

32

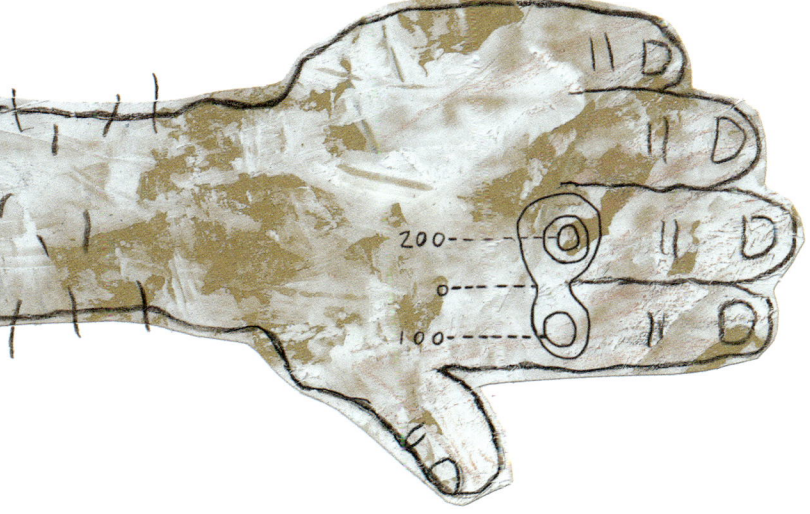

드디어 성공! 입체적인 산의 모양이 평면인 종이 지도에 그려졌어요. 실제 땅의 모양을 지도에 그릴 때에도 이런 원리로 그리는 거랍니다.

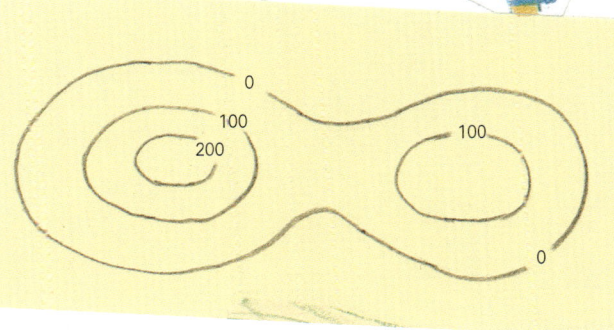

지도를 보면 실제 거리를 알 수 있나요?

그럼요. 지도는 땅 위의 모습을 줄여서 간단히 표현한 것이잖아요. 얼마나 줄였는지만 알면 실제 거리를 계산해 낼 수 있어요. 이때 축척이 필요하답니다.

아래 지도에서 시청에서 서구청까지의 실제 거리를 구해 볼까요? 자를

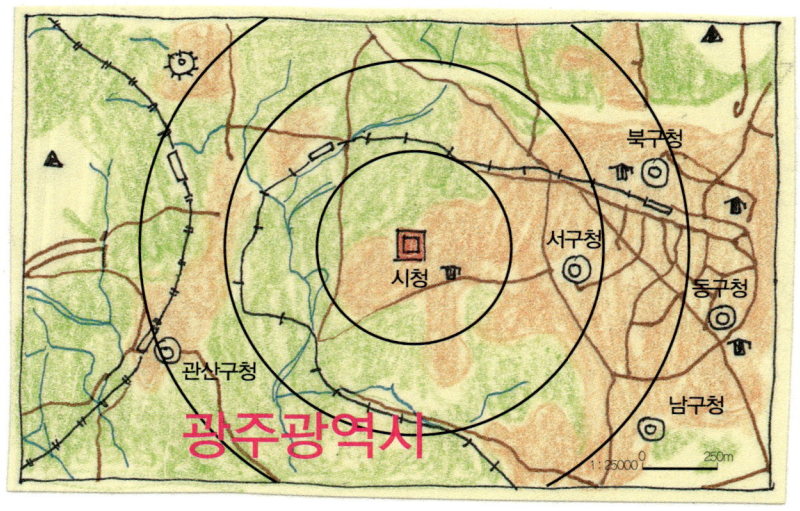

　꺼내어 지도에 대고 두 지점 사이의 거리를 재어 보세요. 약 2cm 정도 나오지요? 실제 거리를 2cm로 줄였다는 것을 알 수 있어요.

　그 다음에는 이 지도의 축척을 보세요. 오른쪽 아래에 1 : 25,000이라고 쓰여 있어요. 실제 거리 25,000cm(250m)를 1cm로 줄인 거예요. 이 숫자가 없다면 막대 표시를 보고 축척을 알 수 있어요. 하나의 눈금이 1cm이고 그 위에 250m라고 쓰여 있으니까 지도에서 1cm가 실제 거리 250m(25,000cm)라는 뜻이지요.

　자, 지도에서 1cm가 실제 거리 25,000cm라면 지도에서 2cm는 실제로는 얼마일까요? 지도에서의 거리가 1 → 2로 2배 증가했으니까 실제 거리도 25,000을 2배로 늘리면 되는 거예요. 이렇게 해서 답은 50,000cm. 이것을 m로 바꾸면 500m가 되지요. 축척 하나로 실제 거리를 이렇게 쉽게 계산할 수 있다니 정말 신기하네요.

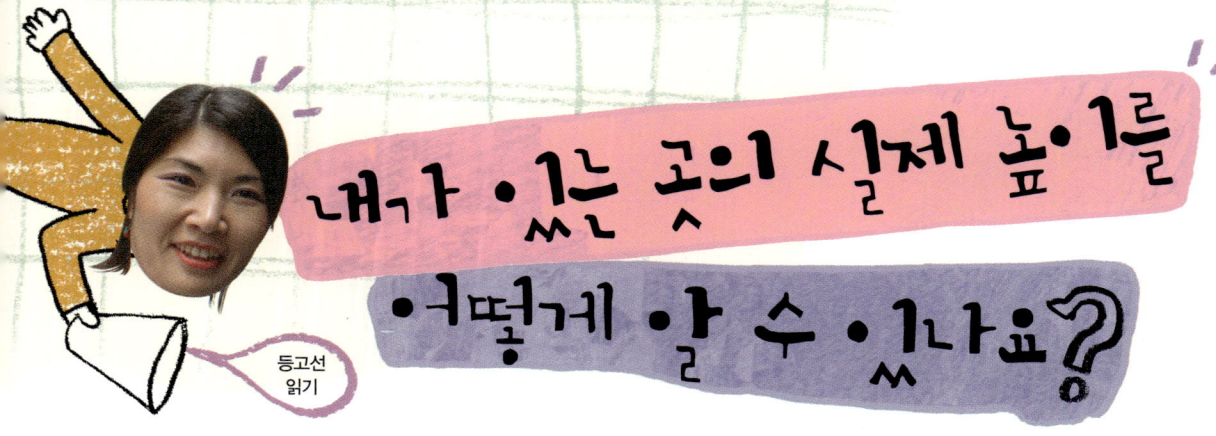

# 내가 있는 곳의 실제 높이를 어떻게 알 수 있나요?

등고선 읽기

등산을 하다 보면 내가 지금까지 올라온 곳의 높이가 얼마인지 알고 싶을 때가 있어요. 이때에도 지도를 이용하면 쉽게 알아낼 수 있지요.

지도를 보고 실제 높이를 알 수 있다고요?

지도에서 **높이가 같은 지점을 연결한 선인 등고선**을 읽으면 된답니다.

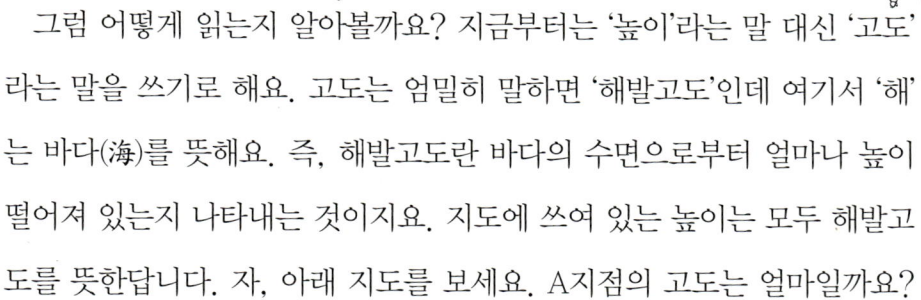

그럼 어떻게 읽는지 알아볼까요? 지금부터는 '높이'라는 말 대신 '고도'라는 말을 쓰기로 해요. 고도는 엄밀히 말하면 '해발고도'인데 여기서 '해'는 바다(海)를 뜻해요. 즉, 해발고도란 바다의 수면으로부터 얼마나 높이 떨어져 있는지 나타내는 것이지요. 지도에 쓰여 있는 높이는 모두 해발고도를 뜻한답니다. 자, 아래 지도를 보세요. A지점의 고도는 얼마일까요?

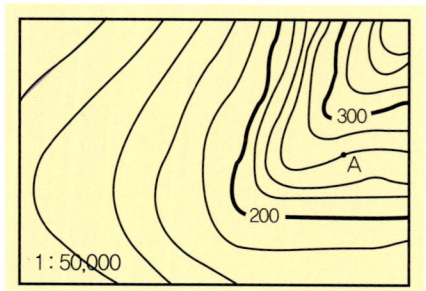

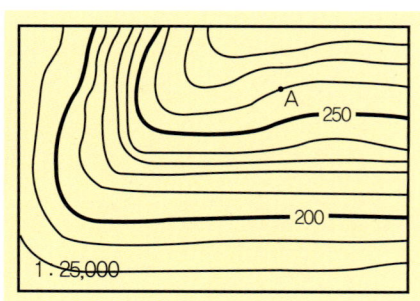

가장 먼저 할 일은 등고선의 간격이 몇 m인지 계산하는 거예요. 잘 보세요. 두꺼운 선을 '계곡선', 가는 선을 '주곡선'이라고 부르는데 계곡선에는 고도를 숫자로 표시하지요. 이 지도에서는 100m마다 계곡선이 그어져 있어요. 두꺼운 선이 2개 보이고 200(m)과 300(m)이라고 쓰여 있지요. 그 사이에 얇은 선이 4개 그어져 있고 숫자는 쓰여 있지 않아요. 가는 선의 간격은 몇 m일까요? 100m 간격이 5등분되어 있으니까 한 칸이 20m인 셈이지요. 따라서 A지점의 고도는 260m이네요.

이번에는 더 자세한 지도를 보고 A지점의 고도를 계산해 볼까요? 두꺼운 선이 2개 있고 각각 200(m)과 250(m)이라고 쓰여 있어요. 50m 간격이 5등분되어 있으니까 이번에는 가는 선의 간격이 10m이네요. 따라서 A지점은 250m를 지나 10m 위인 260m인 것이지요. 앞의 지도보다 자세하지만 결과는 260m로 똑같아요.

> **Tip**
>
> 두 지도 가운데 어느 것이 얼마나 더 자세한가요? 첫 번째 지도는 1:50,000으로 줄인 것이고 두 번째 지도는 1:25,000으로 줄인 거예요. 두 번째 지도가 조금 줄였으니까 더 자세한 지도라는 것을 알 수 있지요. 그리고 지도에서의 1cm가 첫 번째 지도에서는 실제 거리 500m이고 아래 지도에서는 250m이니까, 거리만 볼 때 2배 정도 더 자세하다고 말할 수 있어요. 따라서 1:50,000 지도에서 20m마다 긋던 가는 선을 1:25,000 지도에서는 10m마다 긋는 거예요. 같은 이유로 100m마다 표시하던 두꺼운 선은 50m마다 표시하는 것이지요.

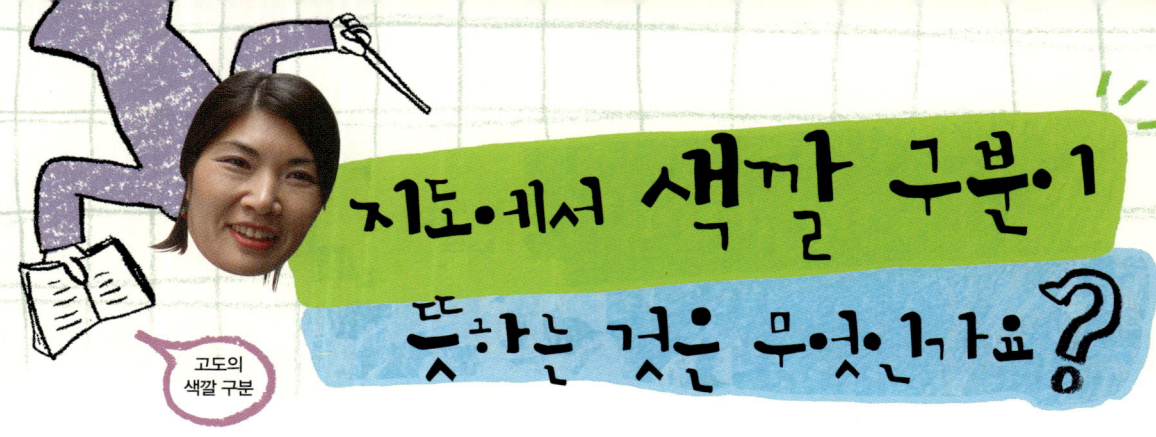

고도의 색깔 구분

# 지도에서 색깔 구분이 뜻하는 것은 무엇인가요?

우리나라 전도를 보면 아래처럼 색깔이 칠해져 있어요. 어떤 색깔이 보이나요? 초록색과 갈색이 보이고 하늘색과 파란색도 보여요. 자세히 보니 노란색도 보이네요.

지도에 있는 이 색들은 무엇을 뜻하는 거예요?

지도에 칠해져 있는 색은 고도가 높은지 낮은지를 뜻하는 거예요. 땅에서는 고도가 높은 곳은 갈색, 낮은 곳은 초록색으로 칠하고, 바다에서는 깊이가 깊어질수록 파란색을 진하게 칠하지요.

그럼 우리나라 전도에서 제주도만 확대해서 설명해 볼게요. 제주도에서 가장 높은 곳은 1,995m 높이의 한라산이에요. 갈색으로 칠해져 있지요. 이번에는 바닷가 쪽을 보세요. 초록색으로 칠해져 있어요. 이곳은 바다와 고도 차이가 거의 없이 평탄한 곳이지요. 초록색과 갈색 사이 지역은 어떤 색으로 칠해져 있나요? 초록색보다 높은 곳은 노란색, 더 높은 곳은 황토색으로 칠해져 있어요.

제주도

이제 색깔이 구엇을 의미하는지 알겠지요? 고도가 낮아 평탄한 곳은 초록색으로 칠하고 고도가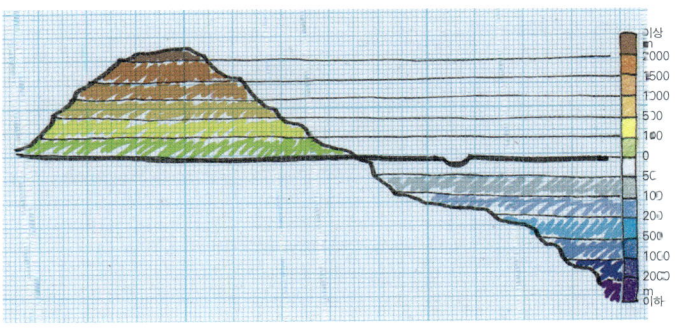
높아질수록 갈색을 짙게 칠하는 거예요. 따라서 초록색이 넓게 칠해진 곳은 평야를, 갈색이 넓게 칠해진 곳은 산지를 나타내는 것이지요.

그렇다면 어느 고도까지 초록색으로, 어느 고도부터 갈색으로 칠하면 될까요? 그건 지도 귀퉁이의 안내 표시(범례)를 보면 돼요. 예를 들어 0~100m는 초록색, 100~500m는 노란색, 500~1,000m는 황토색, 1,000~1,500m는 진한 황토색, 1,500~2,000m는 갈색, 2,000m 이상은 진한 갈색으로 표현해요.

바다도 육지와 마찬가지예요. 육지 근처의 흐린 하늘색에서 시작해서 깊은 곳으로 갈수록 파란색이 점점 짙어지지요. 파란색의 진한 정도를 보면 바다의 깊이를 알 수 있어요.

> **Tip**
> 고도를 나타낼 때 등고선을 사용할 것인지 색깔로 구분할 것인지는 지도의 축척에 따라 달라져요. 넓은 지역을 지도로 그릴 때에는 최대한 간단히 표현해야 하므로 등고선을 일일이 그리기 힘들어요. 그래서 고도의 간격을 100m 이상으로 넓게 잡고 색깔로 구분하는 거예요.

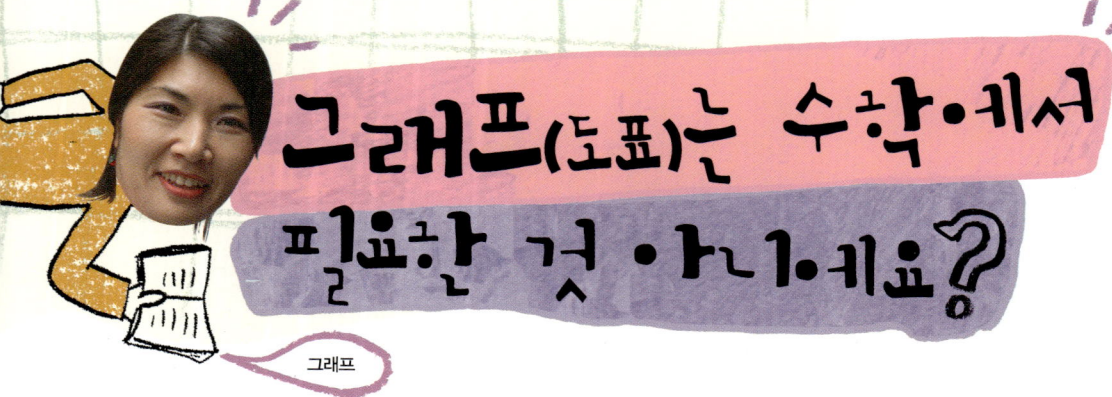

그래프(도표)는 수학에서 필요한 것 아니에요?

그래프

예슬이는 동네에 어떤 상점들이 있는지 조사하기로 했어요. 그래서 친구들과 동네를 돌아다니면서 상점들을 조사했어요. 음식을 파는 곳이 20군데, 과일과 채소를 파는 곳이 4군데, 부동산이 5군데, 미용실이 3군데 있었어요. 이제 이 내용을 한눈에 알아볼 수 있게 하려면 어떻게 하는 것이 좋을까요? 그래프(도표)를 그리면 알아보기 쉽답니다.

그래프가 뭐예요?

어떤 내용을 일정한 형식과 순서에 따라 보기 쉽게 나타낸 표를 통계표라고 하는데, 이 통계표를 그림으로 표현한 것이랍니다.

먼저 예슬이가 조사한 내용을 통계표로 나타내면 아래와 같아요.

| 상점의 종류 | 채소 가게 | 음식점 | 미용실 | 부동산 |
|---|---|---|---|---|
| 개수 | 4 | 20 | 3 | 5 |

이제 이 통계표를 더 보기 쉽게 그림으로 나타내 볼까요? 가로축에는 상점의 종류를 표시하고 세로축에는 상점의 수를 표시한 뒤, 해당 개수만큼

막대의 길이로 표현했어요. 이렇게 하니까 표로 볼 때보다 한눈에 더 잘 들어오지요? 어떤 상점이 가장 많은지도 쉽게 알 수 있고 가장 적은 상점이 어떤 것인지, 그 차이는 얼마나 되는지도 쉽게 알 수 있어요.

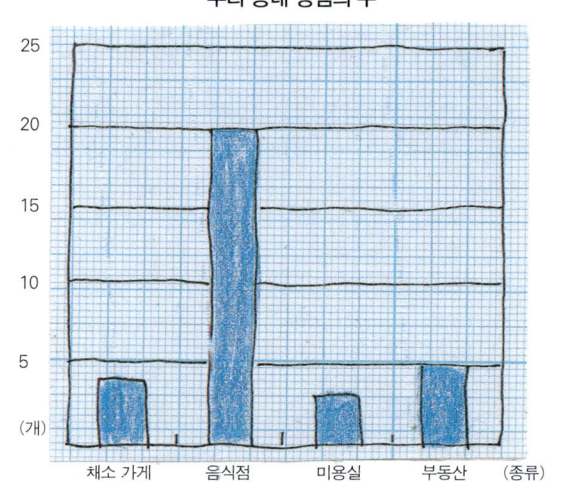

이처럼 통계표를 그림으로 표현한 것을 그래프(도표)라고 해요. 그 가운데에서도 위와 같은 모양의 그래프를 '막대그래프'라고 하는데, 그래프의 모양이 항상 이런 것은 아니에요. 어떤 내용을 나타낸 통계인지에 따라, 통계를 보고 무엇을 알고 싶은지 그 목적에 따라 적절한 모양의 그래프를 선택해야 해요. 점과 선으로 표현한 '꺾은선 그래프', 원으로 표현한 '원그래프' 등이 있어요.

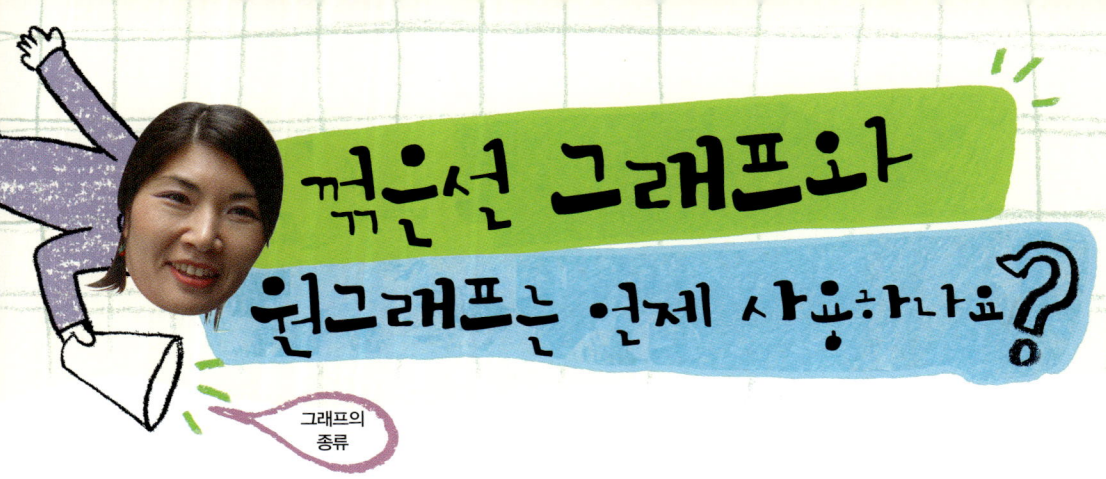

# 꺾은선 그래프와 원그래프는 언제 사용하나요?

그래프의 종류

어떤 내용을 일정한 형식과 순서에 따라 보기 쉽게 나타낸 표인 통계표를 그림으로 표현한 것이 그래프라고 했어요. 그래프의 종류에는 막대그래프, 꺾은선 그래프, 원그래프 등이 있었지요.

꺾은선 그래프와 원그래프는 언제 쓰는 거예요?

꺾은선 그래프는 변화하는 모습을 알고 싶을 때,
원그래프는 전체 가운데 차지하는 양이 얼마나 되는지 알고 싶을 때 쓴답니다.

예를 들어 내가 살고 있는 도시나 군의 인구 수가 해마다 어떻게 달라지는지를 그래프로 그리려고 해요. 연도별로 인구수를 표시하고 그 점들을 이어 주면 변화

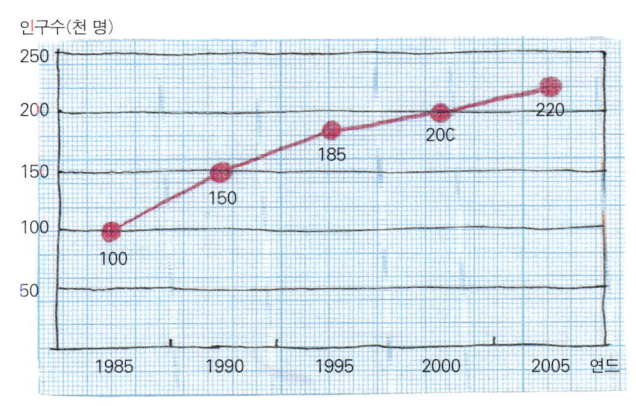

우리 시(군)의 인구 변화

하는 모습이 잘 보이겠지요. 이럴 때 사용하는 것이 꺾은선 그래프예요. 위의 그래프를 보면 인구가 증가하는지 감소하는지 알 수 있고 어느 연도에 많이 증가하고 적게 증가하는지도 쉽게 알 수 있어요.

그러면 우리나라에서 쌀 생산량이 많은 곳의 순위가 궁금할 때에는 어떤 그래프를 보면 좋을까요? 이 경우에는 우리나라 전체 쌀 생산량에서 어디가 어느 정도 비율을 차지하는지 보여 주는 그래프가 필요해요. 누구의 몫이 얼마인지 나눌 때 편리한 것은 '원'이지요. 옆의 원그래프를 보세요. 쌀 생산량 1, 2, 3위는 어디인가요? 면적이 넓은 곳부터 전남, 충남, 전북의 차례예요.

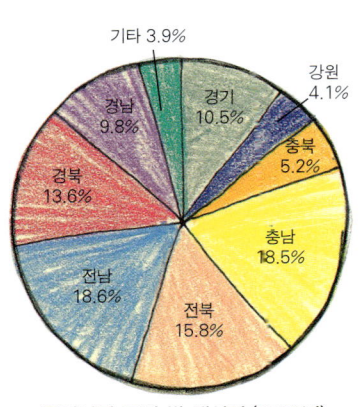

우리나라 도별 쌀 생산량 (2008년)

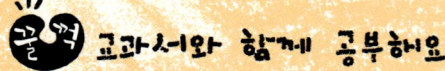 교과서와 함께 공부해요.

- **3학년 1학기**_1.우리 고장의 모습_2)고장의 자연과 우리의 생활
  3.고장의 생활과 변화_1)의식주 생활의 변화
- **4학년 1학기**_1.우리 지역의 자연 환경과 생활 모습_2)우리 지역의 자연 환경
  1.우리 지역의 자연 환경과 생활 모습_3)우리 지역의 생활 모습
- **5학년 1학기**_1.우리나라의 자연 환경과 생활_2)자연 환경을 이용한 생활
  3.환경 보전과 국토 개발_1)자연 재해와 환경 문제
- **6학년 2학기**_2.함께 살아가는 세계_2)지구촌 속의 우리나라

날씨와 기후의 차이점, 우리나라 기후의 특색, 기후에 따른 사람들의 생활 모습 등 우리나라의 기후와 나아가 지구의 이상 기후에 대해 알아보아요.

기후

645년 음력 6월, 당나라 군은 고구려의 안시성을 점령하기 위해 진격을 시작했어요.

"장군님! 당나라 군이 다른 성들을 모두 무너뜨리고 이곳을 향해 진격해 온다는 정보가 들어왔습니다. 우리 군사의 수가 적어서 불리한데 큰일 났습니다."

"흠, 지금이 음력 6월이니 성 안에서 겨울까지 버텨 봅시다. 고구려의 겨울 추위 앞에서는 당나라 군도 맥을 못 출 것이오. 차갑고 매서운 북서풍을

당 태종인들 참아 낼 수 있겠소?"

안시성 싸움에서 누가 이기고, 누가 졌을까요? 음력 9월이 되자 날씨가 추워지고 당나라 군의 양식도 떨어졌어요. 당 태종은 어쩔 수 없이 군대를 되돌렸고 싸움은 고구려의 승리로 끝이 났답니다.

이 싸움에서 고구려가 승리할 수 있었던 가장 큰 이유는 무엇일까요? 바로 '기후'를 알고 대처했기 때문이에요. 고구려의 기후가 가을부터 추워지기 시작해서 겨울에는 엄청나게 춥다는 것을 이용한 것이지요. 추위가 올 때까지만 성 안에서 버티면, 겨울에 대한 대비를 갖추지 못한 당나라 군대가 추위를 이기지 못하고 되돌아갈 것이라고 생각해 작전을 세웠고, 그 예상이 딱 맞았던 거예요. 기후는 이처럼 중요하답니다.

기후가 정확하게 뭐예요?

기후라는 말을 언제 쓰는지, 어떤 상황에서 쓰는지 알아보면 기후가 무엇인지 이해하기 쉽답니다. 아래 네 가지 상황에서 어떤 표현이 옳은 것인지 골라 표시해 보세요.

오늘 기후가 어때?
(    )

오늘 날씨가 어때?
(    )

'오늘 날씨가 어때?', '오늘의 날씨는 아침 기온 10℃, 한낮 기온 20℃입니다.', '우리나라의 기후 특색', '세계의 기후는 열대, 건조, 온대, 냉대, 한대 기후로 구분된다.'가 적절한 표현이에요. 두 표현에 어떤 차이가 있는지 알 수 있나요? 오늘이나 내일처럼 짧은 기간 동안 그때그때 대기의 상태는 '날씨'로 표현하고, 매번 되풀이되어 특징으로 굳어진 대기의 상태

대기 지구를 둘러싸고 있는 공기의 층을 말해요.

는 '기후'로 표현해요.

좀 더 자세히 말하면 어떤 지역에서 일 년마다 되풀이되는 날씨를 종합해서 말할 때 기후라고 표현하지요.

기후를 말할 때에는 꼭 포함해야 할 내용들이 있어요. 날씨를 말할 때 온도와 비가 내리는 양, 바람의 세기를 말해 주듯이 기후를 말할 때에도 비가 얼마나 오는지, 온도가 얼마나 되는지, 어떤 바람이 부는지를 알려 주어야 해요. 예를 들면 이렇게 말이지요.

우리나라의 기온은 대체로 연평균 기온이 10~16℃이며, 가장 무더운 달인 8월은 23~27℃, 가장 추운 달인 1월은 -6~-7℃이다. 강수량은 중부 지방이 1,100~1,400mm, 남부 지방이 1,000~1,800mm이며, 연 강수량의 50~60%가 여름에 내린다. 일반적으로 겨울에는 북서풍, 여름에는 남서풍이 강하며, 계절에 따라 바람의 방향이 뚜렷이 달라진다.

여기에서 기온이 온도와 관련된 내용이고 강수량이 비와 관련된 내용이에요. 기온과 강수량, 바람은 기후를 말할 때 꼭 필요한 3가지 요소랍니다.

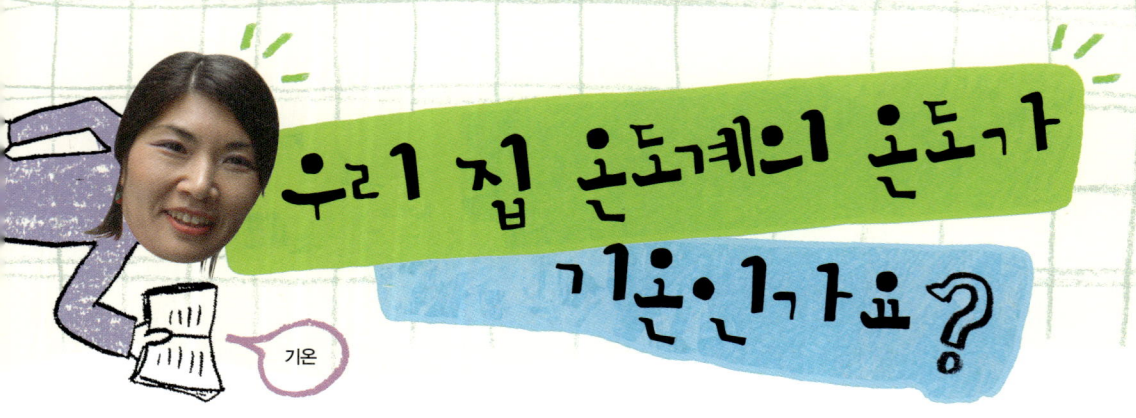

# 우리 집 온도계의 온도가 기온인가요?

기온

기온이 뭐예요?

기온은 '공기의 온도'를 말해요. 우리의 감각 기관이 모여 있는 얼굴 높이, 그러니까 땅에서 1.5m 정도 떨어진 곳의 공기 온도를 측정한 것이 기온이지요. 기온의 단위로 우리나라에서는 ℃(도씨)를 사용해요.

기온은 작은 집 모양의 하얀색 나무 상자인 백엽상 안에 온도계를 설치해서 재요. 햇볕을 직접 받거나 비, 눈을 맞지 않게 하기 위해서 그렇게 하지요. 하루 동안 3시간마다 모두 8번을 측정해서 평균값을 구하는데, 평균 기온과 비슷한 온도가 나타나는 시간인 오전 10시에 1번만 측정하기도 해요. 하루 기온을 여러 번 측정해 더한 뒤 측정한 횟수로 나누어 구한 평균이 일평균 기온이고, 일평균 기온을 1달 동안 더해 평균을 얻어 낸 것이 월평균 기온이에요. 그리고 1월에서

딸! 제주도에는 꽃이 피었단다. 서울은 어떠니?

12월까지 매월 평균 기온을 더해서 평균한 것이 연평균 기온이지요. 월평균 기온과 연평균 기온을 알면 그 지역의 특색을 이해하는 데 도움이 많이 돼요. 더운 곳인지 추운 곳인지, 어느 달이 덥고 어느 달이 추운지 미리 알 수 있지요.

기후를 말할 때에는 '연평균 기온, 최한월 평균 기온, 최난월 평균 기온'이란 표현을 많이 사용해요. 우리나라에서 최한월은 1월, 최난월은 8월로 봐요. 아래 표를 보면 서울과 제주의 최한월 평균 기온은 각각 −3.4℃와 5.2℃로 제주가 더 따뜻하다는 것을 알 수 있어요. 최난월 평균 기온은 서울이 25.4℃, 제주가 26.6℃로 큰 차이는 없고 두 곳 모두 덥다는 것을 알 수 있지요.

| 지역 | 1월 | 2월 | 3월 | 4월 | 5월 | 6월 | 7월 | 8월 | 9월 | 10월 | 11월 | 12월 | 연평균 기온 |
|---|---|---|---|---|---|---|---|---|---|---|---|---|---|
| 서울 | -3.4 | -1.1 | 4.5 | 11.8 | 17.4 | 21.5 | 24.6 | 25.4 | 20.6 | 14.3 | 6.6 | -0.4 | 11.8 |
| 제주 | 5.2 | 5.6 | 8.5 | 13.3 | 17.2 | 20.9 | 25.6 | 26.6 | 22.7 | 17.7 | 12.4 | 9.6 | 15.2 |

서울과 제주의 월평균 기온과 연평균 기온

# 내리는 비를 모두 모은 것이 강수량인가요?

강수량

기후를 말할 때에는 '연평균 강수량'을 많이 사용하는데요. 연평균 강수량은 1년 동안의 총 강수량을 여러 해 동안 구한 뒤 햇수로 나누어 평균을 내서 구해요.

우리나라의 경우 1961~1990년 동안의 강수량으로 얻은 연평균 강수량은 옆의 지도와 같아요. 강수량이 같은 지점들을 같은 색깔로 칠해 구분했어요. 강수량이 가장 많은 곳은 제주도와 남해안의 일부 지역이라는 것을 알 수 있지요. 1,600mm 이상이나 되니까요.

그런데 강수량이 뭐여요?

강수량을 한자로 쓰면 降(내릴 강) 水(물 수) 量(수량 량)이에요. 글자 그대로 풀이하면 '내리는 물의 양'이란 뜻이지요. 하늘에서 내리는 물에는 어떤 것이 있을까요? 비가 내리고 눈이 내리고 가끔 우박이 떨어질 때도 있어요. 눈과 우박도 녹으면 물이 되기 때문에 '물'로 볼 수 있지요. 여기에 차가운 물체에 닿으면 물로 변하는 안개도 포함시켜요. 다시 말하면 '비나 눈, 우박, 안개가 일정한 시간 동안 일정한 곳에 모인 총량'을 '강수량'이라고 해요.

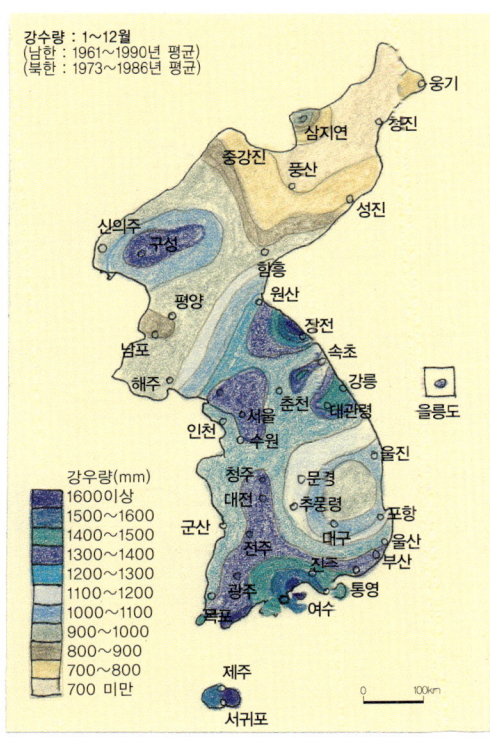

우리나라 연평균 강수량

강수량은 어떻게 잴까요? 비나 눈, 우박, 안개를 지름 20cm 정도의 원통형 물받이에 모은 다음, 눈금 (mm)이 표시되어 있는 길쭉한 유리 그릇(실린더)에 부어서 그 양을 읽어요. 그래서 강수량의 단위는 mm(밀리미터)를 사용하지요. 조선 시대에 사용했던 측우기도 비슷한 원리로 만들어졌어요. 단, 측우기는 빗물을 모은 원통형 그릇 안에 자를 넣어서 빗물의 깊이를 쟀지요.

# 기후를 그래프로 나타낸다고요?

기후를 그래프로 그리려면 먼저 기후를 보여 주는 통계표가 있어야 해요. 예를 들어, 서울과 울릉도의 기후 통계표는 아래와 같아요. 어느 지역의 기후를 말할 때 기온과 강수량을 꼭 알려 준다고 했지요. 아래 통계표에도 월별로 평균 기온과 평균 강수량이 나와 있어요.

| 지역 | | 1월 | 2월 | 3월 | 4월 | 5월 | 6월 | 7월 | 8월 | 9월 | 10월 | 11월 | 12월 |
|---|---|---|---|---|---|---|---|---|---|---|---|---|---|
| 서울 | 기온(℃) | -3.4 | -1.1 | 4.5 | 11.8 | 17.4 | 21.5 | 24.6 | 25.4 | 20.6 | 14.3 | 6.6 | -0.4 |
| | 강수량(mm) | 22.9 | 24.6 | 46.7 | 93.7 | 92 | 133.8 | 369.1 | 293.9 | 168.9 | 49.4 | 53.1 | 21.7 |
| 울릉도 | 기온(℃) | 0.7 | 1.0 | 4.7 | 10.3 | 15.4 | 18.4 | 22.3 | 23.8 | 19.6 | 14.9 | 9.3 | 4.0 |
| | 강수량(mm) | 126.3 | 83.4 | 69.6 | 81.7 | 78.7 | 100.1 | 123 | 133.4 | 135.5 | 87.3 | 108.1 | 101 |

서울과 울릉도의 월평균 기온 및 강수량

그런데 숫자가 너무 많아서 뭐가 뭔지 잘 모르겠지요? 이렇게 복잡할 때 필요한 것이 바로 그래프였어요. 이 통계표를 보고 기온은 꺾은선 그래프로 그리고, 강수량은 막대그래프로 그리면 아래와 같은 그림이 완성돼요.

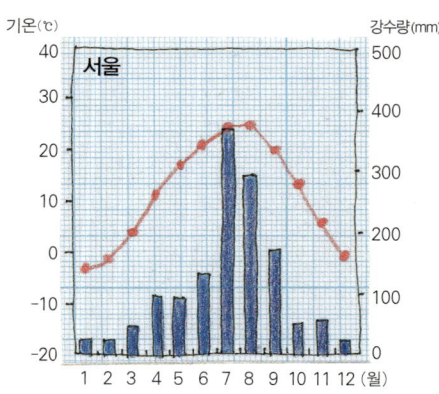
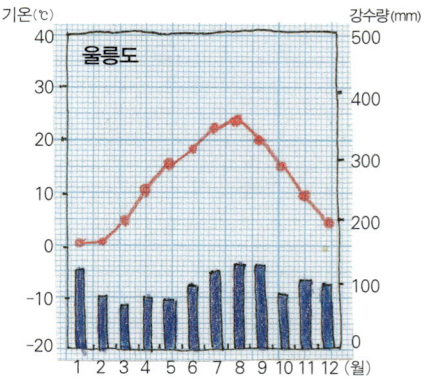

이 그래프를 보면 서울의 기후를 대략 파악할 수 있어요. 꺾은선 그래프의 모양을 보면 서울은 여름에 기온이 높고 겨울에 기온이 낮다는 것을 알 수 있어요. 그리고 막대그래프의 모양을 보면 강수량이 여름에 많고 겨울에 적다는 것을 쉽게 알 수 있지요. 또한 울릉도의 막대그래프를 보면 11월~2월까지 막대 높이가 서울에 비해 높은 걸로 봐서, 겨울에 눈이 많이 내린다는 것을 알 수 있어요.

기후 그래프를 한마디로 정리하면 뭐라고 할 수 있어요?

정리하면, 기후그래프란 어떤 지역의 기온과 강수량을 월별로 표현한 그래프라고 할 수 있답니다.

### Tip

**기후 그래프 그리는 방법**

1) 가로축에 1월부터 12월까지 눈금을 표시하세요.
2) 기온을 표시한 좌측의 눈금을 보고 1월의 기온을 찾아 가로축의 1월 눈금과 만나는 곳에 점을 찍으세요.
3) 2월~12월도 같은 방식으로 점을 찍은 뒤 모두 선으로 연결하세요.
  (기온을 보여 주는 꺾은선 그래프가 완성되었어요.)
4) 이제 우측의 강수량 눈금만 보세요. 1월 강수량을 나타내는 지점을 짚은 뒤 1월 눈금에서부터 그 높이만큼 막대를 그리세요.
5) 2월~12월도 같은 방식으로 막대를 그리세요.
  (강수량을 보여 주는 막대 그래프가 완성되었어요.)

# 우리나라 기후에는 어떤 특색이 있나요?

우리나라 기후의 특색

지금 뭐 하는 거죠?

겨울을 대비하는 거예요.

그래 봤자 얼마나 추울까?

한국 겨울 너무 춥다.

우리나라의 기후를 간단히 말하면 여름에 덥고 겨울에 추우며, 연 강수량의 50~60%가 여름에 내려요. 겨울에는 북서풍, 여름에는 남서풍이 강하게 불고 날씨의 계절 변화가 큰 편이에요.

우리나라 전체가 다 똑같은 기후인가요?

지역별로 기후에 조금씩 차이가 있는데요, 남쪽으로 갈수록 더 따뜻하고 북쪽으로 갈수록 더 추워져요. 그리고 해안 지방이 내륙 지방보다 여름에 더 시원하고 겨울에 더 따뜻해요.

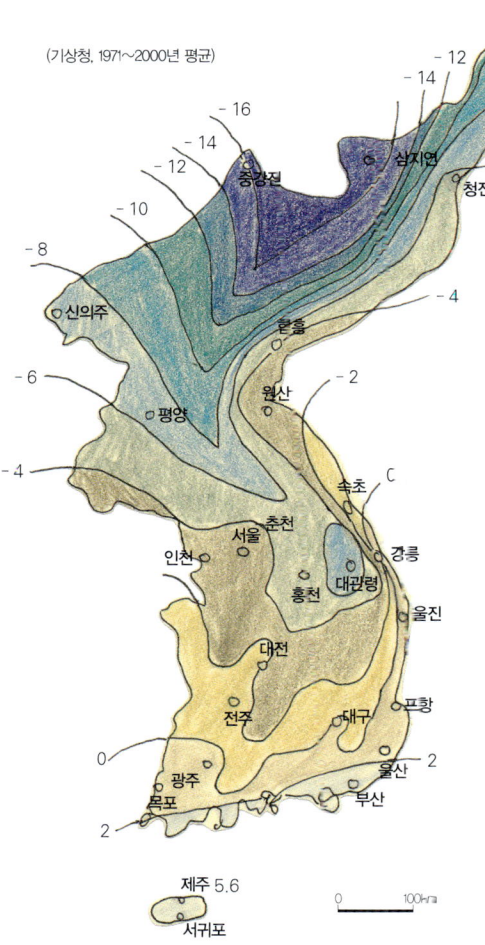

(기상청, 1971~2000년 평균)

우리나라 최한월(1월) 평균 기온

아래 지도를 보면 확인할 수 있어요. 1월 기온을 비교하면 제주가 5.6℃인데 북쪽의 중강진은 -16℃까지 내려가고, 강릉은 0℃ 정도인 반면 홍천은 -5℃까지 기온이 내려가지요. 강릉을 비롯한 동해안 지방은 바다의 영향뿐 아니라 태백산맥이 북서풍을 막아 주기 때문에 더 따뜻해요.

강수량은 53쪽의 지도를 보면 알 수 있는데요. 남부 지방이 1,000~1,800mm로 가장 많고, 중부 지방은 1,100~1,400mm 정도예요. 반면 북부 지방은 1,000mm 미만으로 적은 편이에요.

57

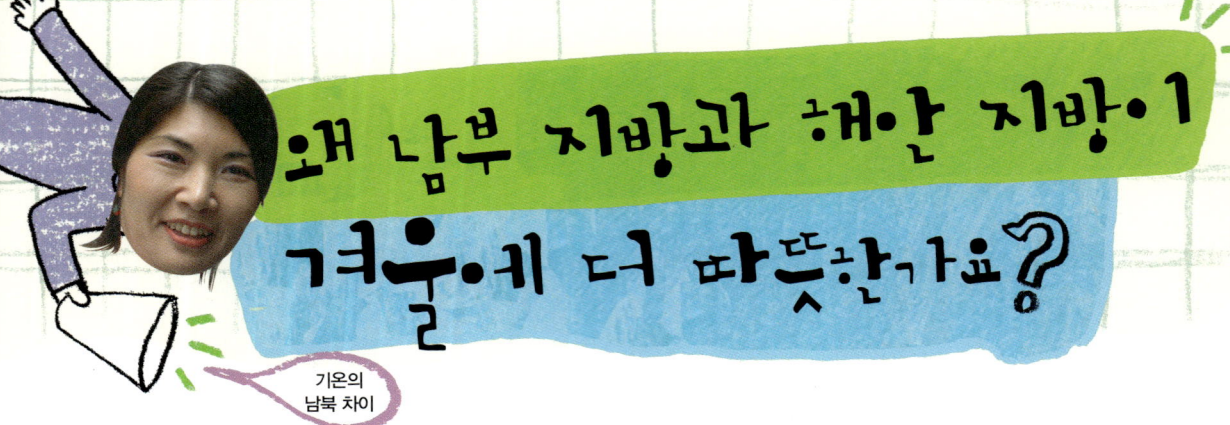

# 왜 남부 지방과 해안 지방이 겨울에 더 따뜻한가요?

기온의 남북 차이

3월 15일 이후 즈음 남해안 쪽으로 가면 산과 들에 꽃이 피어 있는 것을 볼 수 있어요. 그 이유는 북부 지방과 내륙 지방에 비해 남부 지방과 해안 지방이 겨울에 더 따뜻하기 때문이랍니다.

왜 남부 지방과 해안 지방이 겨울에 더 따뜻한 거예요?

남부 지방이 태양으로부터 열을 가장 많이 받는 적도와 가깝고, 해안 지방이 내륙 지방보다 겨울에 공기가 천천히 식기 때문이에요.

벚꽃 개화 지도(월. 일)

어느 곳의 기온을 결정하는 첫 번째 원인은 적도와의 거리나 북극, 남극과의 거리예요. 적도에 가까울수록 기온이 높고 극에 가까울수록 기온이 낮아지거든요. 태양으로부터 받는 열의 양에 따라 기온이 달라지는데, 적도 부근이 가장 열을 많이 받고 극으로 가면서 그 양이 줄어들지요.

따라서 우리나라에서도 남쪽으로 갈수록 적

도와 가까워져 더 따뜻하고 북쪽으로 갈수록 북극과 가까워져 더 추워지는 거예요. 1월 평균 기온을 보면 남쪽 끝이 북쪽 끝보다 약 15℃ 정도 더 따뜻하다는 것을 확인할 수 있어요. 봄에 꽃이 남쪽부터 피기 시작하는 것도, 가을에 기온이 내려가면서 나타나는 단풍이 북쪽부터 시작되는 것도 이러한 이유 때문이에요.

한편 바다와 가까운 지역과 멀리 떨어져 있는 지역도 기온 차이가 많이 나요. 이것은 '흙'과 '물'과 성질이 다르기 때문이에요. 같은 열을 가했을 때 흙은 온도가 빨리 올라가는 반면 물은 천천히 올라가요. 반대로 같은 시간이 지났을 때 흙은 빨리 식고 물은 천천히 식어요. 같은 원리로 바다 위의 공기는 천천히 데워지고 천천히 식지요. 하지만 바다로부터 멀리 떨어진 내륙의 공기는 빨리 데워지고 빨리 식어요. 그래서 바다와 가까운 지역은 내륙에 비해 겨울에 덜 춥고 여름에는 덜 더운 거랍니다. 동해안의 강릉이 서울보다 겨울에 더 따뜻한 것도, 여름에 울릉도에 가면 시원한 것도 다 이런 이유 때문이에요.

물(바다)은 천천히 식고 흙(내륙)은 빨리 식는구나!

# 계절에 따른 날씨는 어떤가요?

계절 구분

우리나라에는 봄, 여름, 가을, 겨울이 있고 계절 별로 날씨가 틀려요. 계절마다 변화가 많지요. 어떤 나라는 일 년 내내 덥고 비가 많은가 하면 어떤 나라는 일 년 내내 춥고 눈이 내리기도 하는데 말이지요.

우리나라는 계절마다 날씨가 어떻게 달라지나요?

봄에는 따뜻하고 건조하지만 여름에는 덥고 비가 많아요. 여름에는 장마철이 있고 태풍이 가끔 지나가기 때문이지요. 가을에는 서늘하고 맑은 날이 많고, 겨울에는 춥고 눈이 내려요.

우리나라는 적도와 북극의 중간쯤에 있어서 여름에는 적도 부근의 더운 공기의 영향을 받고 겨울에는 북극 근처의 차가운 공기의 영향을 받아요. 그래서 여름에는 덥고 겨울에는 춥지요. 한편, 찬 공기가 약해지고 더운 공기가 강해지는 봄에는 따뜻해지고, 더운 공기가 약해지고 찬 공기가 강해지는 가을에는 서늘해져요.

계절에 따라 기온이 변할 뿐 아니라 강수량도 달라지는데, 이는 우리나

 라가 대륙(아시아)과 대양(태평양)이 만나는 곳에 있기 때문이에요. 대륙의 건조한 공기와 대양의 습한 공기의 영향을 모두 받게 되는 거지요.

 그래서 우리나라는 비슷한 성질의 공기 덩어리인 여러 기단의 영향을 받게 돼요. 춥고 건조한 공기 덩어리인 '시베리아 기단'이 커지는 겨울에는 북서풍이 불어 오면서 추워지고, 덥고 습한 공기 덩어리인 '북태평양 기단'의 힘이 세지는 여름에는 남동풍이 불면서 덥고 습한 찜통 더위가 찾아와요. 서늘하고 습한 공기 덩어리인 '오호츠크 해 기단'이 북태평양 기단과 만날 때에는 그 지역에 엄청난 비구름대가 형성되면서 많은 비를 뿌리는 장마철이 이어져요.

 봄에는 시베리아 기단이 잠깐 강해지면서 '꽃샘추위'가 나타나기도 하고, 건조하다 보니 중국의 사막에서 '황사'가 불어 오기도 해요. 가을에는 맑은 날이 이어지면서 쾌청한 하늘을 볼 수 있어요.

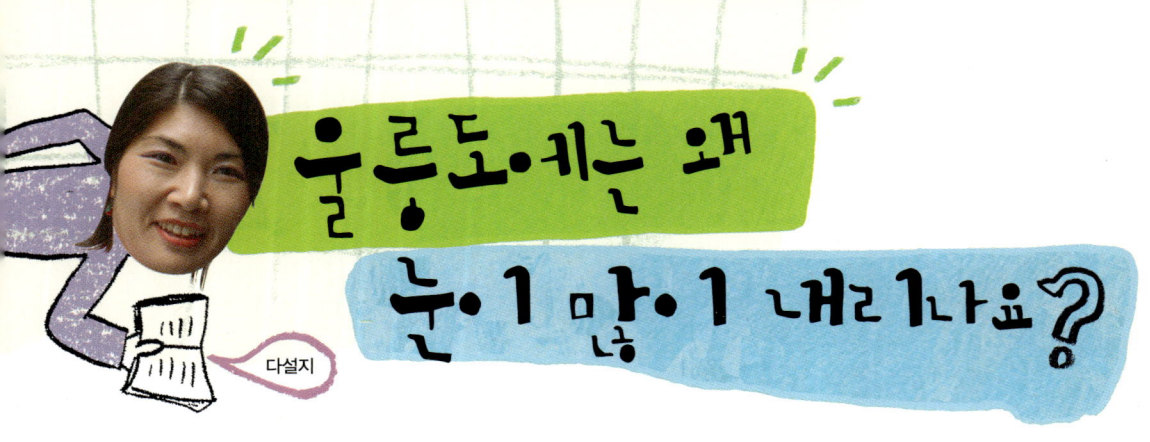

# 울릉도에는 왜 눈이 많이 내리나요?

다설지

눈이 너무 많이 내려서 바둑이 집이 눈 속에 파묻혀 버린 곳이 있어요. 이런 일이 우리나라에서 가능하냐고요? 울릉도에서는 가능하답니다. 울릉도는 우리나라에서 눈이 가장 많이 오는 지역이거든요.

울릉도에는 눈이 왜 그렇게 많이 와요?

겨울이면 바람이 울릉도에 부딪히면서 큰 눈구름을 만들기 때문이에요.

우리나라에서 겨울철에 주로 부는 바람은 북서풍이에요. 북서풍이 약해질 때에는 북동풍도 불지요. 이 바람이 동해 바다를 지나면서 습기를 머금게 되는데, 울릉도의 높은 산에 부딪히면서 커다란 눈구름을 만들게 돼요. 바람이 높은 산을 만나면 산을 타고 올라가면서 온도가 떨어지거든요. 그러면 기체가 액체로 변하면서 작은 물방울(수증기)로 변하게 되고, 이 물방울들이 많이 모이면 구름이 되지요. 그리고 물방울의 크기가 자꾸 커지면 비나 눈이 되어 내리는데, 겨울이라 기온이 낮으니까 눈으로 내리는 거예요.

북서풍

하지만 울릉도에 항상 눈이 내리거나 무조건 많이 내리는 것은 아니에요. 북서풍이 강해지면서 기온이 갑자기 내려갈 때 특히 많은 눈이 내리지요. 평균적으로 1m 정도의 눈이 쌓이는데요. 하루 동안 내린 눈의 양으로 최고 기록은 1955년 1월 20일에 150.9cm를 기록했고, 연달아 계속 쌓인 눈의 양으로는 1962년 1월 31일에 293.6cm를 기록한 게 최고였어요.

만약 울릉도가 평평하고 낮은 섬이었다면 어땠을까요? 지금처럼 많은 눈이 내리지는 않았을 거예요. 습기를 머금은 바람이 부딪혀서 올라갈 지형이 없기 때문이지요. 따라서 울릉도의 눈은 바람과 지형이 손잡고 만들어 낸 것이라고 할 수 있어요.

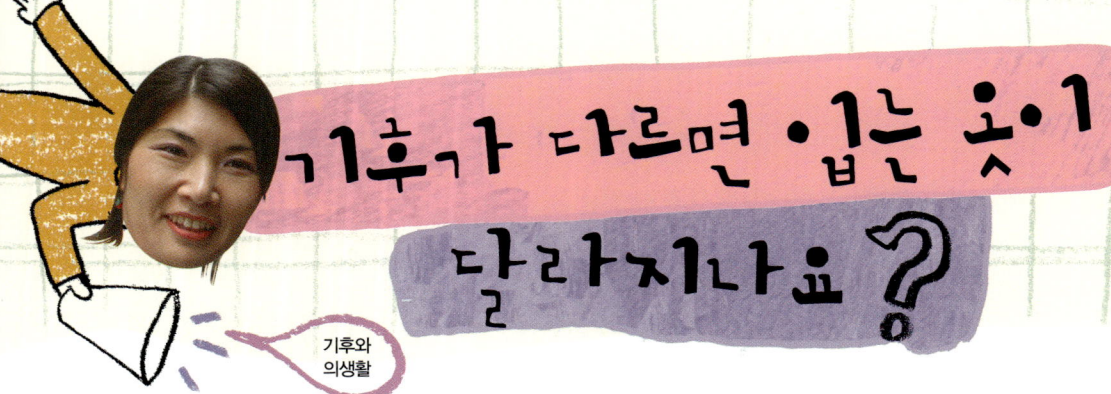

# 기후가 다르면 입는 옷이 달라지나요?

기후와 의생활

날씨가 추워지거나 더워지면 우리 몸의 온도도 같이 변해요. 따라서 옷으로 몸의 온도를 유지해 주어야 하지요. 추워서 체온이 내려가면 체온을 올려 주고, 더워서 체온이 올라가면 체온을 내려 주어야 해요.

기후가 우리가 평소에 입는 옷에 영향을 끼친다는 말인가요?

그래요. 우리나라의 기후는 사계절의 구분이 있고, 특히 여름에는 덥고 겨울에는 춥기 때문에 기후에 따라 옷을 잘 맞추어 입어야 해요.

우리나라처럼 여름이 덥고 습한 기후에서는 몸에 바람이 잘 통하게 해서 땀이 빨리 없어지게 하는 것이 중요해요. 때문에 여름 옷은 바람이 잘 통하고 몸에 달라붙지 않도록 하는 데 중점을 두어야 해요. 그래서 우리 조상들은 올의 간격이 넓고 까실까실한 모시와 삼베로 옷을 만들어 입어 몸에 달라붙지 않도록 했어요.

겨울에는 춥기 때문에 몸의 열기가 밖으로 빠져나가지 않게 해 주는 옷이 필요해요. 그래서 우리 조상들은 비단이나 무명으로 옷을 만들어 입었어요. 올이 촘촘하고 두께가 두꺼워서 바람을 막아 주고 몸의 열기를 지켜 주었거든요. 그리고 두 겹의 천 사이에 목화로 만든 솜을 넣어서 솜바지나 솜저고리 같은 솜옷을 만들어 입었어요. 여기에 일정한 간격으로 박음질을 해서 누비바지, 누비저고리도 만들어 입었지요.

65

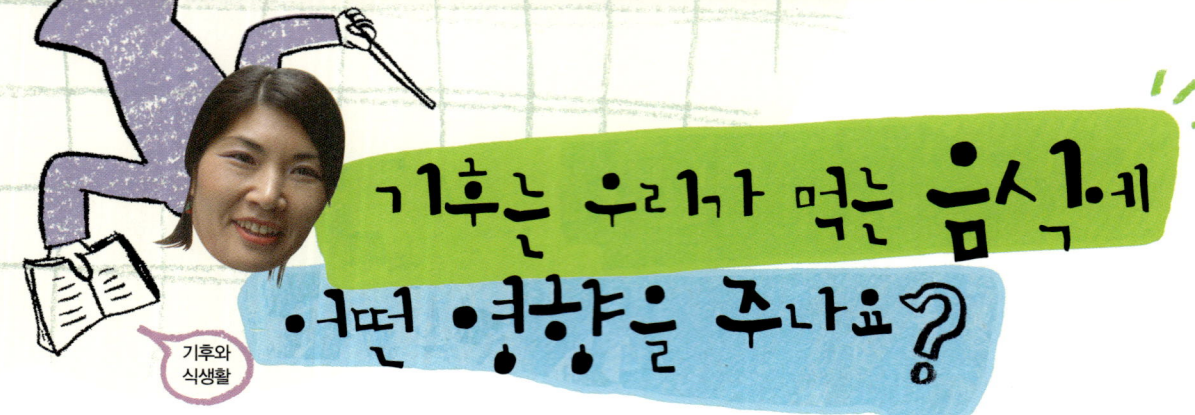

# 기후는 우리가 먹는 음식에 어떤 영향을 주나요?

기후와 식생활

무더운 여름에는 시원한 빙수를 찾게 되고, 날씨가 쌀쌀해지면 따뜻한 어묵 국물을 찾게 되지요? 사람이 체온 변화에 따라 차거나 더운 음식을 먹고 싶어 하는 것은 당연해요. 더운 날씨일 때 먹고 싶은 음식과 추운 날씨일 때 먹고 싶은 음식이 따로 있지요.

더구나 우리나라에는 사계절이 있다 보니 계절에 따라 그때그때 다른 농산물을 얻게 되었고 이것으로 음식을 만들어 먹었어요. 예를 들어 봄에는 냉이, 달래, 돌나물 등으로 나물 무침을 해 먹고, 여름에는 오이와 열무로 오이김치와 열무김치를 담가 먹어요. 가을에는 추수를 해서 햅쌀로 송편을 만들어 먹고, 가을에 피는 국화로 국화전을 부쳐 먹기도 해요. 겨울에는 가을에 수확한 무로 담가 둔 동치미를 먹어서 겨울에 부족하기 쉬운 비타민을 공급받기도 하지요.

기후가 음식에 영향을 미치는 거네요?

그래요. 기후에 따라 사람들이 먹고 싶어 하는 음식이 달라요. 또 기후에 따라 재배할 수 있는 농작물이 달라서 음식의 재료가 다르고, 같은 재료라고 해도 기후에 따라 조리법이 다르므로 음식은 달라질 수밖에 없답니다.

# 김치 대회

 더운 기후에서 자라는 농작물이 있고 추운 기후에서 자라는 농작물이 있어요. 소, 돼지, 닭과 같은 축산물과 명태, 새우, 멸치 같은 수산물도 마찬가지로 기후에 따라 기르거나 얻을 수 있는 종류가 달라요.

 이처럼 계절 별로 생산되는 농수산물이 달라 다양한 음식이 발달하기도 하지만, 지역 별로 기후에 차이가 있어 조리법이나 좋아하는 음식이 달라지기도 해요. 예를 들어 북부 지방에서는 담백하고 매운맛이 덜하게 조리를 하는 반면, 남부 지방의 전라도나 경상도에서는 짜고 매운맛이 강하게 조리를 하지요.

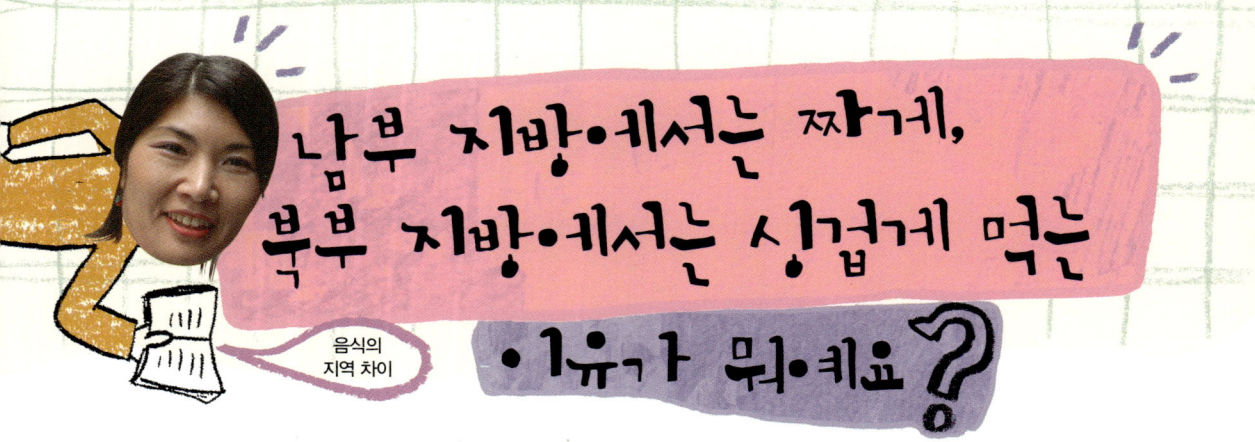

음식의 지역 차이

　추운 겨울이 있어 채소를 사철 내내 먹을 수 없는 우리나라에서는, 채소를 오래 저장하기 위해 여러 가지 방법을 이용했어요. 가장 기초적인 소금 절임에서부터 각종 양념을 넣고 버무려 발효시키는 방법까지 다양한 방법을 썼지요. 가장 대표적인 것이 김장이에요.

우리가 음식에 양념을 하는 것은 단순히 맛을 좋게 하기 위해서만은 아니에요. 양념이 음식 재료의 맛과 향을 돋우기도 하지만, 나쁜 맛을 없애고 쉽게 상하지 않게 해 주기 때문이지요.

그런데 남부 지방에서는 짜게, 북부 지방에서는 싱겁게 먹는다는데 그 이유가 뭐예요?

여름에 덥고 겨울이 비교적 따뜻한 남부 지방에서는 음식이 쉽게 상하고 채소가 쉽게 물러져요. 따라서 음식이 상하는 것을 막고 저장 기간을 늘리기 위해 음식에 소금과 각종 양념을 많이 넣지요. 그러다 보니 음식이 짜고 매콤한 편이에요.
반면에 겨울이 길고 추운 북부 지방은 조금 달라요.
이곳은 날씨 자체가 냉장고 속 같기 때문에 음식이 쉽게 상할 염려도 없고 채소가 빨리 물러질 염려도 덜해요. 그래서 굳이 양념을 강하게 하지 않아도 되지요. 김치도 고춧가루나 젓갈을 거의 넣지 않고 백김치나 동치미를 주로 담근답니다.
음식도 대체로 짜거나 맵지 않고, 싱겁고 담백한 편이에요.

백김치

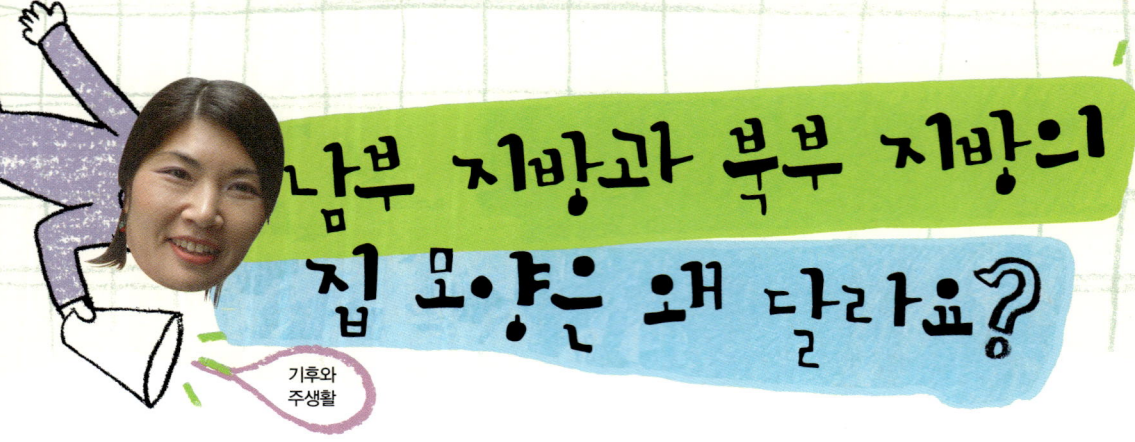

# 남부 지방과 북부 지방의 집 모양은 왜 달라요?

기후와 주생활

기후에 따라 옷을 맞춰 입듯이, 집을 지을 때에도 기후를 고려하면 더운 여름을 덜 덥게, 추운 겨울을 덜 춥게 보낼 수 있답니다.

기후가 집의 모양에 영향을 미친다는 뜻인가요?

그래요. 덥고 습한 남부 지방에서는 一(한 일)자 모양으로 집을 짓고, 춥고 건조한 북부 지방에서는 田(밭 전)자 모양으로 집을 지었답니다.

여름 기온과 습도가 다른 지역보다 높은 남부 지방에서는 더위와 습기를 이기기 위해 노력했어요. 우선 여름에 주로 부는 남풍을 이용하기 위해 집의 방향을 남향으로 지었고 부엌, 방, 마루를 一자 모양으로 배치해

제주도에서는 지붕을 새끼줄로 묶어 놓았네!

서 바람을 많이 갖아 통풍이 잘되도록 했어요. 창과 방 사이에는 넓은 마루(대청)를 만들고 대청의 뒷문과 앞문을 열고 닫을 수 있도록 했어요. 여름에 모두 열어 두면 바람이 통해서 시원하거든요.

　겨울이 유난히 춥고 긴 북부 지방에서는 방바닥을 데워서 공기를 순환시키는 방법을 찾아냈어요. 이것이 바로 '온돌'이지요. 특히 우리나라에서 가장 추운 관북 지방에서는 추운 바람이 잘 들어오지 못하게 하고 열이 빠져나가는 것을 막기 위해 방과 방을 직접 연결해서 마루나 복도를 없앴어요. 마치 田자 모양으로 말이지요.

　눈이 많이 내리는 울릉도에 사는 주민들은 처마를 따라 여러 개의 기둥을 세우고 처마에서 땅바닥까지 벽을 둘렀어요. 이 벽을 '우데기'라고 불러요. 눈은 우데기 밖으로 쌓이게 되고 집과 우데기 사이에 처마 길이만큼 공간이 생기게 되지요. 그래서 아무리 눈이 많이 와도 이곳으로 오가며 생활할 수 있도록 했어요.

　사방이 바다로 둘러싸인 제주도는 태풍이 지나가는 길목에 있는 섬이라 바람이 엄청 강해요. 그래서 제주도 주민들은 지붕이 날아가지 못하도록 새끼줄로 묶어 두고, 바람에 무너지지 않도록 돌을 성기게 쌓아 돌담을 만들어요.

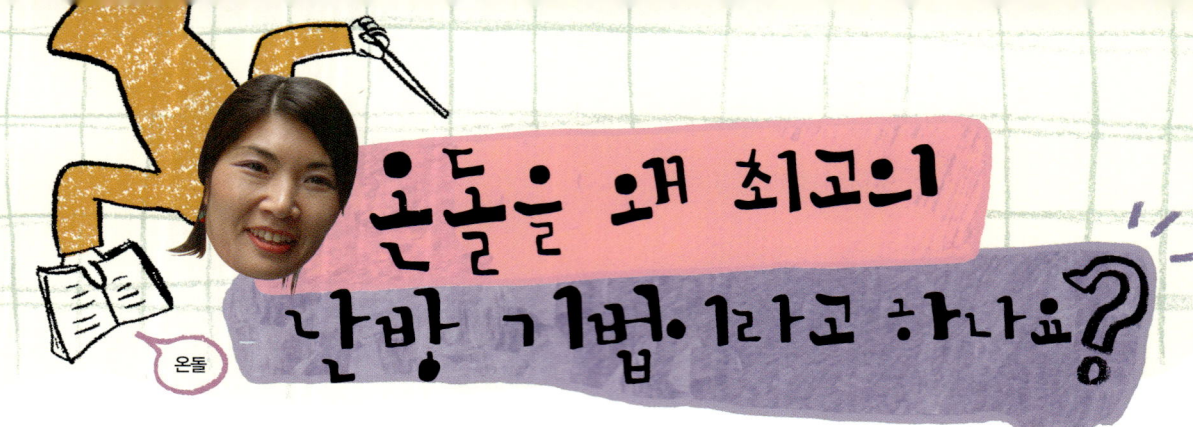

온돌은 다른 나라에는 없는 우리나라만의 아주 독특한 난방법이에요. 벽난로나 화로에 불을 지피고 불을 쬐는 흔한 난방법과 달리, 온돌은 획기적인 기술을 이용한 방법이랍니다. 방바닥에 구들을 깔고 아궁이에서 불을 지펴, 그 열기가 구들을 지나 굴뚝으로 빠져나가면서 방바닥을 덥히는 방법을 생각해 낸 거지요. 바닥에 열을 저장해 두고 그 복사열로 실내 공기를 데우는 방식이에요.

온돌의 어떤 점이 그렇게 뛰어난가요?

온돌을 이용하면 방의 일부만 따뜻해지는 게 아니라 방 안 전체가 따뜻해져요. 온돌은 늘 쾌적한 상태를 유지할 수 있고 에너지도 절약할 수 있는 아주 훌륭한 난방법이랍니다.

벽난로나 화로는 바로 그 앞에서만 온기를 느낄 수 있지만 온돌은 방 안 전체가 따뜻해져요. 그리고 서양에서 주로 사용하는 온풍기 같은 난방 기구는 더운 바람이 나오는 거라서, 윗부분만 따뜻하고 다리 아래는 별로 따뜻하지 않아요. 그리고 공기는 건조해져서 갑갑한 느낌을 주지요.

하지만 온돌은 바닥에서 데워진 더운 공기가 위로 올라가면서 천장 부근의 차가운 공기가 내려오고, 이것이 다시 데워져 올라가기 때문에 공기가 자연스럽게 순환돼요. 그러면서도 바닥 부분의 온도가 더 높기 때문에 다리는 따뜻하고 머리는 서늘한 상태를 유지할 수 있어서 훨씬 쾌적하답니다.

온돌 난방을 하는 데 쓰이는 아궁이

73

# 이상 기후는 이상한 기후라는 뜻인가요?

기후의 변화

지금까지는 비가 많이 내리던 곳인데 갑자기 가뭄이 들고, 비가 거의 내리지 않던 곳인데 홍수가 나고, 눈이 내리지 않던 곳인데 폭설이 내리는 일이 최근에 세계 곳곳에서 일어나고 있어요. 이상 기후가 나타나고 있는 것이지요.

이상 기후가 뭐예요?

쉽게 말해서 기후가 정상적인 상태를 벗어난 것을 말해요. 지구의 기후 체계에 어떤 변화가 일어나고 있다는 표시라고 할 수 있지요.

이상 기후가 생기고 있는 것은 세계적인 현상이에요. 우리나라에서도 앞으로 겨울이 사라지고 긴 여름과 봄, 가을만 있을 것이라는 예측이 나오고 있어요. 현재 우리나라는 온대와 냉대 기후에 해당되지만 미래에는 높은 산지를 제외하고는 모두 아열대성 기후로 변화할 것이라고 해요. 6월 중순부터 시작되던 여름도 6월 초순으로 15일 정도 앞당겨지고 있어요. 그래서 앞으로는 여름이 더 빨리 올 뿐만 아니라 겨울이 사라지고 그 자리를 봄과 가을이 차지하게 될 거라고 해요.

강수량에도 변화가 있는데요. 1990년대 후반 이후 연평균 강수량이 약 300mm 증가했어요. 더구나 비는 주로 장마철에 내렸는데, 이제는 장마철의 비중이 줄어들고 장마가 끝난 뒤 8월에 내리는 비의 양이 많아지고 있어요. 예전에는 햇볕이 쨍쨍 내리쬐던 8월에 비가 자주 올 뿐 아니라, 엄청난 양이 쏟아지는 집중 호우(하루 강수량이 80mm 이상인 경우)가 나타나고 있지요.

이처럼 기온이 올라가고 비가 더 많이 내리기도 하지만 극단적인 기후 현상도 많이 일어나고 있어요. 지금까지 경험하지 못했던 엄청나게 덥거나 추운 날씨가 나타나기도 하고, 며칠 동안 내릴 비가 하루 만에 쏟아져서 홍수 피해를 주기도 하지요.

 이상 기후가 자주 나타나는 원인을 '지구 온난화'로 보는 목소리가 커지고 있어요.
 어떤 학자들은 지구 온난화를 두고 '대량 살상 무기', 또는 인류에게 큰 위기를 가져올 '제2의 불'이라고 경고하고 있어요.

지구 온난화가 뭐예요?

지구는 다른 행성에 비해 생물이 살기에 적절한 온도를 유지하고 있어요. '온실가스' 덕분이지요. 지구는 낮 동안 받은 태양열을 다시 대기로 내보내는데, 이때 온실가스가 태양열이 모두 나가는 것을 막고 일부를 흡수해서 온도를 유지해 주어요. 온실가스로는 이산화탄소가 대표적이에요. 지구의 온도를 적절히 유지하기 위해서는 온실가스가 꼭 필요하지요.

하지만 온실가스의 양이 필요 이상으로 많아지면 문제가 생긴답니다. 온실가스가 태양열을 너무 많이 흡수해서 지구의 온도를 높이게 되거든요. 이렇게 지구의 온도가 점점 올라가는 것을 '지구 온난화'라고 해요.

온실가스가 지나치게 많아지는 이유는 무엇일까요? 우선 자동차 연료나 공장의 원료로 석유와 석탄을 너무 많이 사용해서 이산화탄소가 늘어나고 있어요. 또 소나 양 같은 가축을 대량으로 기르면서 그 배설물이나 방귀에서 엄청난 메탄가스가 나오고 있고요. 여기에 이산화탄소를 흡수해 주는 삼림도 개발 때문에 자꾸 줄어들고 있어서 지구 온난화는 나날이 빨라지고 있지요. 지구 온난화를 막기 위해서는 모두의 노력이 필요하답니다.

---

메탄가스 색과 냄새가 없는 기체로, 흙 속에서 동·식물의 사체나 똥 같은 것들이 썩을 때 나와요

## 교과서와 함께 공부해요.

- **4학년 1학기** _1.우리 지역의 자연 환경과 생활 모습_1)우리 지역이 자리 잡은 곳
  1.우리 지역의 자연 환경과 생활 모습_2)우리 지역의 자연 환경
  1.우리 지역의 자연 환경과 생활 모습_3)우리 지역의 생활 모습
  3.더불어 살아가는 우리 지역_3)더욱 가까워지는 지역들
- **4학년 2학기** _2.여러 지역의 생활_1.촌락의 생활 모습
- **5학년 1학기** _1.우리나라의 자연 환경과 생활_1)우리 생활과 자연 환경
  1.우리나라의 자연 환경과 생활_2)자연 환경을 이용한 생활

산과 하천, 평야와 분지, 해안과 갯벌 등 우리나라의 다양한 지형에 대해 배워요.

# 얼마나 높아야 '산'이라고 하나요?

영국의 어느 마을에 '피농가루'라는 산이 있었어요. 마을 사람들은 이 산을 무척 자랑스러워했지요. 그런데 어느 날 지도 측량사 두 명이 이 산의 높이를 재기 위해 찾아오고, 측정 결과 피농가루는 '산'이 아닌 '언덕'으로 판정이 나지요. 산이 되기 위한 조건인 305m에서 46m가 낮았던 거예요.

실망한 마을 사람들은 힘을 모아 산의 높이를 높이기로 결심해요. 〈잉글리시 맨〉이라는 영화의 내용이랍니다.

그렇다면 우리나라에서는 얼마나 높아야 '산'으로 인정하나요?

땅으로부터 높이가 100m를 넘으면 산으로 보고 있어요. 이 기준에 따르면 우리나라에는 11,859개의 산이 있다고 해요.

산을 말할 때 그 높이에 특별한 기준이 있는 것은 아니에요. 우리나라와 영국의 기준이 다르듯이 나라마다 가지각색이지요. 우리나라 서울의 남산은 높이가 262m이니까 영국의 305m 기준으로 보면 산이 아니라 언덕이지요. 반면에, 일본 같은 경우에는 아예 산의 기준을 두지 않아요. 그래서 오사카 시의 어느 해안에 위치한 덴포 산은 땅으로부터 높이가 4.5m인데도 산으로 기록이 되어 있다고 해요.

결국 산을 구별하는 것에는 어떤 엄격한 기준이 있는 것이 아니라는 것을 알 수 있어요. 평야에 사는 주민들에게는 10m 높이만 되어도 산으로 보이고, 험준한 산이 많은 지역에 사는 주민들에게는 100m 높이도 언덕으로 느껴지는 것처럼 말이에요.

# 산지는 어떤 곳이에요?

산이 여러 개 모여 있으면 산지라고 해요. 산맥도 산지에 속하지요. 야트막한 산들이 모여 있는 곳에서부터 높고 가파른 산들이 모여 있는 곳에 이르기까지 다양한 높이의 산지가 있어요. 고도보다는 기복(땅의 오르내림)이 심한 지형을 산지로 보는 것이 더 정확해요. 기복이 2,000m 안팎으로 매우 험준한 산지가 있는 반면, 우리 동네의 낮은 산들처럼 기복이 500m 안팎인 산지도 있어요.

산지는 양쪽에서 땅을 미는 힘에 의해 솟아올라서 만들어지기도 하고, 암석에서 약한 부분은 깎이고 강한 부분은 남아서 만들어지기도 해요. 제주도의 한라산처럼 화산 폭발로 만들어지기도 하지요.

**산지 사람들은 어떻게 살아요?**

산지 지역은 경사가 급하고 평야가 적어서 사람들이 많이 살지는 않아요. 주로 산봉우리 사이의 계곡이나 산 아래 경사가 완만한 부분에 마을을 이루고 살지요. 완만한 경사 지역을 계단식으로 만들어 논농사를 짓기도 하고, 과수원을 만들거나 소를 키우기도 해요. 그리고 산속에서는 약초나 산나물을 캐기도 하고 버섯을 기르기도 하지요.

우리나라의 산지에는 대부분 숲이 형성되어 있는데, 이 숲이 주는 혜택이 아주 많아요. 우선 각종 동물들에게 생활 터전을 마련해 주고요. 공기를 정화시켜서 맑은 공기를 제공하는 휴식처가 되기도 해요. 그리고 나뭇가지가 빗물이 떨어지는 힘을 줄여 주어서 땅이 깎이는 것을 막아 주고, 나무뿌리가 경사진 곳의 흙을 잡고 있어서 산사태도 막아 주지요. 그리고 빗물이 강으로 흘러드는 속도를 줄여 주어서 홍수가 나는 것도 막아 주어요.

뿐만 아니라 우리나라 산지는 단군 신화를 비롯해서 많은 신화의 배경이 되었고, 이름난 산의 중턱에는 고승들이 절을 짓고 수양을 하는 등 불교 문화의 중심지가 되기도 했어요.

그리고 우리나라의 국립 공원 20개 가운데 15개가 ○○산 국립 공원이에요. 설악산·지리산·한라산 국립 공원이 대표적인데 이곳은 모두 관광 자원으로 중요한 역할을 하고 있답니다.

오~ 멋있어요!

비가 내리면 그 물은 어디로 갈까요? 땅속으로 스며들기도 하지만 땅 위를 흘러 낮은 곳으로 모여요. 그래서 작은 물줄기가 만들어지고 여기저기에서 모여든 작은 물줄기들이 좀 더 커지고, 또 커져서 큰 강을 이루게 되지요. 이렇게 빗물이나 눈 녹은 물이 모여들어 낮은 곳으로 흘러 내려가는 길을 통틀어서 '하천'이라고 해요.

**강과 하천은 어떻게 달라요?**

하천에서 하(河)는 강처럼 큰 물길을, 천(川)은 시냇물처럼 작은 물길을 말해요. 좀 더 정확하게 구분하자면 바다로 흘러드는 물길을 '강'이라고 하고 강으로 흘러드는 지류를 '천'이라고 해요. 예를 들어 한강은 황해로 흘러가는 반면 청계천, 중랑천, 안양천 등은 한강으로 흘러드는 작은 규모의 물길이에요. 하지만 실제로는 비교적 큰 규모일 경우 '강'을 붙이고 작은 규모일 경우 '천'을 붙이는 경우가 많아요.

하천은 땅 위를 흐르면서 많은 일을 해요. 산지에서는 경사가 급한 곳을 흘러내리면서 땅을 깎아요. 이런 작용을 '침식'이라고 해요. 침식이 오랫동안 계속되면 깊은 계곡을 만들지요. 산지를 지나 낮은 곳으로 오면서 하천은 옆을 파서 폭을 넓혀요. 그러면 물의 속도가 느려지면서 가지고 오던 흙이나 자갈을 내려놓지요. 이런 작용을 '퇴적'이라고 해요. 특히 홍수가 나서 물이 넘칠 때에는 주변에 아주 많은 흙이 쌓여요. 이러한 일이 되풀이되면 넓고 평평한 땅인 평야가 만들어져요.

하천이 만들어 놓은 계곡은 사람들이 즐겨 찾는 관광지를 마련해 주고, 평야는 농사를 지을 수 있게 해 주어요. 하천의 물은 농사를 지을 때 필요한 물과 마실 물도 제공해 주지요. 공장이 들어선 곳에서는 하천의 물을 이용해 공장을 돌려요. 하천을 이용해서 전기를 얻기도 해요. 경사가 급한 곳의 계곡을 댐으로 막아 수력 발전을 하지요.

# 평야는 처음부터 평평했나요?

평야

평야는 한자로 平(평평할 평) 野(들 야)로 쓰는데, 그대로 풀이하면 평평한 들판 정도이지만 고도가 낮고 기복이 거의 없는 넓은 땅을 의미해요. 흔히 '평평하고 넓은 땅'을 가리키지요.

평야는 어떻게 만들어지는 거예요?

평평한 땅인 평야가 만들어지는 방법에는 여러 가지가 있어요. 산지가 오랜 세월 깎여 나가 평탄해져서 만들어지기도 하고, 하천이 날라 온 흙이 낮은 곳에 쌓이고 쌓여서 만들어지기도 해요.

깎여 나가 평탄해진 평야를 '침식 평야'라고 해요. 주변보다 약한 암석이 있거나 물에 닿으면 약해지는 암석이 있는 곳은 특히 잘 깎여요. 그렇게 오랜 세월 침식되다 보면 결국 고도가 낮아지고 평탄해지는 것이지요. 산지 사이에 드문드문 나타나는 평지나 하천 옆에 만들어진 평평한 언덕, 산지가 거의 침식되어 낮은 언덕처럼 남아 있는 곳은 모두 침식 평야라고 볼 수 있어요.

또 하천은 낮은 곳으로 흘러가면서 위쪽에서 깎아낸 흙이나 모래를 함께 날라 오는데, 홍수가 나면 하천의 물이 주변 지역으로 넘쳐흐르면서 흙이나 모래가 넓게 퍼져 쌓이게 돼요. 이렇게 만들어진 평야를 '충적 평야'라고 해요. 우리나라의 큰 하천 하류에 발달한 호남·나주·김해·논산·김포평야 등이 충적 평야에 해당되지요.

평야는 인간 생활에서 굉장히 중요한 곳이에요. 무엇보다도 농사를 짓기에 아주 좋지요. 특히 충적 평야는 흙에 영양분이 많아서 벼농사가 잘되고, 주변에 큰 강이 흘러 농업용수도 풍부해요. 우리나라에서 가장 쌀이 많이 나는 곳으로 꼽히는 호남평야가 대표적이지요. 뿐만 아니라 땅이 평평해서 집을 짓거나 마을을 이루고 살기에도 편해요. 새로운 시설물들이 들어서기에도 편리하고 큰 강이 가까이에 있어 생활용수도 풍족하지요. 농산물도 풍부하다 보니 사람들이 많이 모여 살고, 도시로 성장하는 곳이 많아요. 한강을 끼고 발달해 온 우리나라의 수도 서울이 대표적이지요.

충적 평야는 땅에 영양분이 많아서 농사짓기에 좋아.

# 분지는 어떻게 생긴 땅이에요?

"와, 신기하게 생긴 곳이다. 커다란 그릇처럼 생겼네."

무엇을 보고 하는 말일까요? 특이하게 생긴 땅을 말하는 것 같지요? 그릇처럼 안쪽이 오목한 땅인가 봐요. 이 땅은 분지를 말하는 거랍니다.

분지가 뭐예요?

> 분지란 주변이 산지로 둘러싸인 평야나 평지를 말해요. 오목하게 생긴 화분같아 보인다고 해서 盆(화분 분) 地(땅 지) 자를 써서 분지라고 불러요.

화분 모양의 땅은 지각 운동으로 땅이 일부 내려앉으면서 만들어지기도 하고, 강한 암석에 둘러싸인 약한 암석이 집중적으로 침식을 받아서 오목하게 낮아지면서 만들어지기도 해요. 그래서 이런 분지를 '침식 분지'라고 불러요.

이러한 과정은 하천의 침식 작용이 활발한 중류와 상류에서 많이 일어나요. 특히 하천이 여러 개 만나 합쳐지는 곳에서는 더욱 그렇지요. 그래서 평야보다는 산지 지역에서 분지를 자주 볼 수 있어요.

우리나라는 산지가 많고 하천도 발달해서 분지가 많은 편이에요. 큰 하천의 중상류에 주로 형성되어 있지요. 우리가 자주 들어 본 도시들 가운데에는 분지에 발달한 도시들이 많아요. 강원도의 춘천과 홍천, 충청도의 대전과 충주, 전라도의 남원, 경상도의 안동과 대구 등이 대표적이에요. 분지는 산지 지역에서 볼 수 있는 평지라서 사람들에게 인기가 많을 수밖에 없어요. 주변의 산지와 달리 평평해서 논농사를 지을 수 있고, 하천이 흘러가기 때문에 생활용수와 농업용수도 풍부하거든요. 그래서 사람들이 몰려들고, 시간이 지나면서 점점 더 많은 사람들이 살게 되어 각 지방의 중심 도시로 발달하게 되는 거예요.

# 해안은 어떤 곳이에요?

해안

서해안, 동해안이라고 말할 때 '해안'이란 어디를 가리켜요?

바다와 육지가 맞닿은 부분을 말해요. 해안의 모양은 가지각색이에요. 서해안이나 남해안처럼 들쭉날쭉 드나듦이 심한 해안이 있는 반면, 동해안처럼 거의 일직선인 해안도 있어요.

육지에 산등성이와 골짜기가 많이 만들어진 상태에서 바닷물이 올라가거나 육지가 내려가면 해안의 모양이 어떻게 될까요? 산등성이는 남고 골짜기는 바닷물에 잠기게 되지요. 이 모습을 위에서 내려다보면 산등성이는 바다를 향해 튀어나온 모양인 '반도'가 되고, 바다에 잠긴 골짜기는 육지 쪽으로 들어간 모양인 '만'이 돼요. 주변이 모두 바다에 잠기고 산꼭대기만 남은 경우 '섬'이 만들어져요.

이처럼 반도와 만이 반복되면서 드나듦이 심한 해안을 리아스식 해안이라고 부르는데, 리아스식 해안의 '만'은 여러 가지로 유용한 곳이에요. 먼저 갯벌이 잘 만들어져서 갯벌에서 조개, 낙지, 굴, 게 등을 잡는 어업이 활발해요. 파도가 잔잔하고 수심이 깊지 않기 때문에 해수욕장으로도 이용돼요. 파도가 세지 않아 조개나 김을 매달아 키우기에 유리해서 양식업을 하기에도 좋아요. 우리나라의 대표적인 리아스식 해안인 서해안과 남해안에서는 김이나 굴, 전복 등을 기르는 양식업이 활발해요. 그리고 전라남도 목포에서 여수에 이르는 지역은 유난히 해안선이 복잡할 뿐 아니라 섬 1,700여 개가 모여 있어서 '다도해 해상 국립 공원'으로 지정되어 있지요. '다도해'란 多(많을 다) 島(섬 도) 海(바다 해), 즉 섬이 많이 있는 바다를 말해요.

그런데 최근에는 해안 지역을 무분별하게 이용하는 경우가 늘어나면서 해안 지역이 많이 파괴되고 있어요. 만을 둑으로 막고 갯벌을 육지로 바꾼 결과 해안선이 단조로워지면서, 드나듦이 심한 해안 고유의 특징을 잃어가고 있답니다.

# 갯벌을 왜 '바다의 밭' 이라고 하나요?

 갯벌은 밀물일 때에는 바다가 되고 썰물일 때에는 육지가 되는 독특한 곳이에요. 강이 날라 온 많은 양의 흙이 바다로 들어올 때 썰물과 밀물이 센 곳에서는 특이한 일이 일어나요. 흙이 쌓이지 못하고 썰물 때 바다로 쓸려 갔다가 밀물 때 다시 육지 쪽으로 쓸려 오지요. 이때 아주 고운 진흙 알갱이들이 깊이 들어간 만큼 옮겨져 쌓이는데, 이 과정이 오랜 세월 계속되어 만들어진 것이 '갯벌'이에요. 따라서 큰 강이 흘러들면서 밀물과 썰물의 영향이 큰 곳과 해안선이 복잡한 곳에서 갯벌이 잘 만들어져요. 우리나라에서는 서해안과 남해안이 해당되는데 특히 서해안의 갯벌은 세계적으로 유명해요.

갯벌을 왜 '바다의 밭'이라고 하는 거예요?

갯벌은 바다도 아니고 육지도 아니기 때문에 독특한 생태계가 형성되어 있어요. 영양분이 풍부해서 많은 해양 생물들이 살고 있지요. 바지락, 굴과 같은 조개류와 낙지, 게, 망둥이 등이 많이 살아서 수많은 어민들에게 '바다의 밭'과 같은 역할을 하고 있어요. 또 다양한 미생물들이 살고 있어서 육지에서 나오는 오염 물질을 깨끗하게 만들어 주기도 해요. 태풍이 해안 지역 가까이 다가올 때에는 큰 파도가 갯벌을 지나면서 힘이 약해지기 때문에, 육지에 미치는 피해를 줄여 주기도 해요.

그런데 우리나라에서는 이렇게 많은 역할을 하는 갯벌을 육지로 바꾸면서 지나치게 파괴했어요. 논밭, 주택, 공장을 만들기 위해 갯벌 생물이 사는 곳인 동시에 어민의 생활 터전인 이곳을 파괴하고, 바다를 오염시켜 온 것이지요. 하지만 갯벌의 가치는 같은 면적의 농경지나 바다에 비해 훨씬 크다는 연구 결과가 많아요. 그래서 선진국에서는 갯벌을 다시 되돌리려는 노력까지 하고 있다고 해요. 우리나라는 세계 5대 갯벌을 가진 나라 가운데 하나예요. 이렇게 커다란 가치를 지닌 갯벌을 무분별하게 개발하기보다는 보존하려는 노력이 필요하지 않을까요?

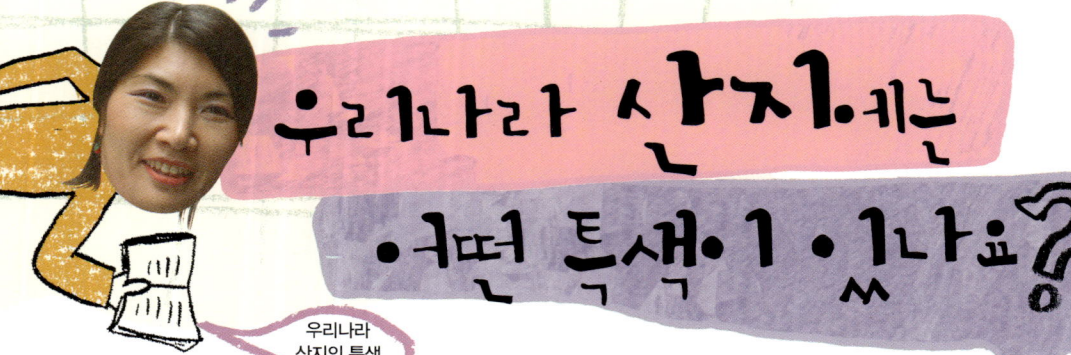

# 우리나라 산지에는 어떤 특색이 있나요?

우리나라 산지의 특색

우리나라 산지의 특색은 무엇인가요?

낮고 완만한 산이 대부분이라는 것과 동쪽이 높고 서쪽으로 갈수록 낮아진다는 것이 대표적이에요.

우리나라에서는 쉽게 산을 볼 수 있어요. 전 국토의 약 75%가 산지이거든요. 하지만 기복이 2,000m 안팎인 험준한 산지는 없어요. 대신 기복이 1,000m 안팎인 산지들은 있어요. 마천령산맥과 태백산맥, 소백산맥 등이 해당되지만 고도가 1,000m 이상인 곳은 전 국토의 15%도 되지 않고 기복이 500m 안팎인 낮은 산지들이 대부분이에요. 이러한 산지를 '구릉성 산지'라고 불러요. 오랜 세월 침식을 받아 낮아진 산지들이지요. 이처럼 구릉성 산지들이 국토의 대부분을 차지하고 있는 것이 특색이에요. 높은 산지는 우리나라의 북동부에 주로 형성되어 있어요. 우리나라에서 가장 높은 산은 백두산(2,744m)이고, 고도가 2,000m 이상 되는 봉우리들은 모두 백두산 근처의 개마고원 쪽에 있

우리나라 산맥 지도

어요. 남쪽에서는 한라산이 1,950m로 가장 높고, 지리산(1,915m), 설악산(1,708m)을 포함해서 1,500m가 넘는 산들은 대부분 소백산맥과 태백산맥에 속해 있어요.

   또 다른 특색으로 경동 지형을 들 수 있어요. 우리나라의 뼈대가 되는 산맥을 흔히 함경산맥과 태백산맥으로 보는데, 두 산맥은 모두 동쪽이 서쪽보다 많이 들어 올려져 높아진 거예요. 그러다 보니 동쪽으로 치우쳐서 높은 산맥이 만들어진 것이지요. 이러한 비대칭적인 지형을 경동(傾기울 경 動움직일 동) 지형이라고 해요.

   그 뒤 하천이 암석의 약한 부분들을 침식해서 계곡과 산등성이를 만들어 내면서 태백산맥과 낭림산맥의 서쪽에 있는 산맥들이 만들어졌어요. 이 산맥들은 서쪽으로 가면서 낮아지고 산맥이 이어지는 것도 약해지지요.

> 높다!

> 동쪽보다 경사가 덜하네.

> 동쪽이 서쪽보다 많이 올라가 있어서 경동 지형이라고 하는구나.

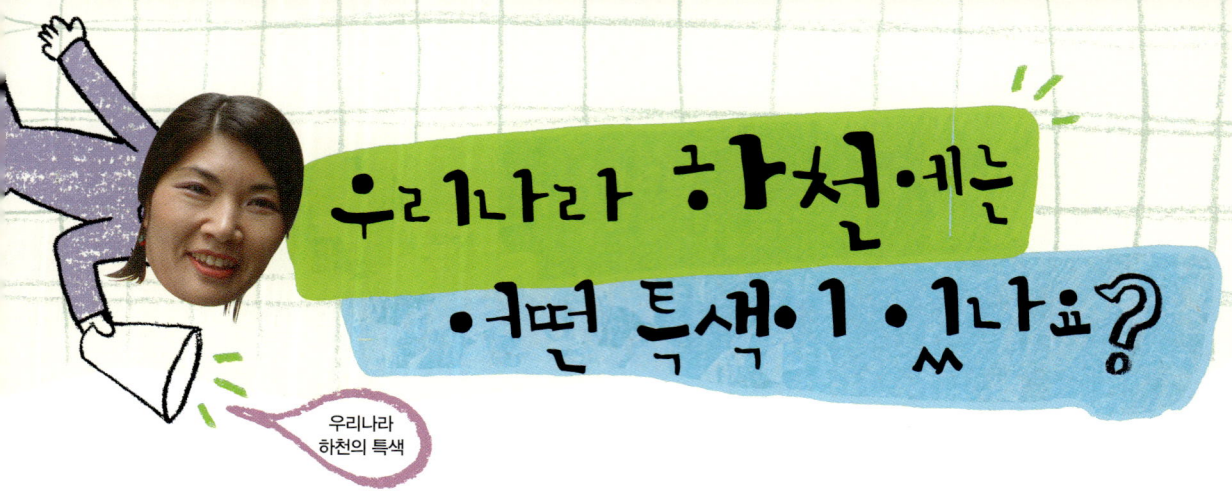

# 우리나라 하천에는 어떤 특색이 있나요?

우리나라 하천의 특색

물은 높은 곳에서 낮은 곳으로 흘러가요. 하천도 마찬가지이지요. 높은 산지에서부터 흘러내려 결국 바다로 흘러가요.

우리나라의 하천에는 어떤 특색이 있어요?

주로 서쪽으로 흘러가고, 구불구불한 곡선 모양이 대부분이고, 계절에 따라 물높이의 변화가 크다는 것이 우리나라의 하천의 주된 특색이에요.

우리나라 산지의 특색은 동쪽이 높고 서쪽이 낮은 경동 지형이라고 했잖아요. 동쪽이 높고 서쪽이 낮다는 것은, 동쪽의 경사면은 매우 급하고 서쪽의 경사면은 완만하면서 넓다는 것을 뜻해요. 따라서 많은 물줄기가 모여들면서 큰 하천을 이룰 수 있는 곳은 동쪽 사면보다는 서쪽 사면이에요. 그래서 황해로 흘러드는 긴 하천이 많아요. 압록강(790km), 대동강(439km), 한강(494km), 금강(401km) 등이 대표적인데, 이 하천들은 모두 길이가 400km를 넘는 큰 하천들이에요. 이 하천들을 포함한 여러 하천들이 서쪽으로 흐르면서 곳곳에 크고 작은 평야를 만들고, 특히 해안 가까이에서 넓은 충적 평야를 만들었어요.

반면에 동쪽으로 흘러드는 하천은 길이도 짧고 경사도 급해요. 당연히 큰 평야를 만든

우리나라 주요 하천

경우는 드물어요. 남쪽으로 흐르는 큰 하천으로는 낙동강(510km)과 섬진강(224km)을 들 수 있어요. 낙동강은 동쪽의 태백산맥과 북쪽의 소백산맥에서 모여든 물줄기가 합쳐져서 남해까지 길게 흐르는 것이고, 섬진강은 동쪽의 소백산맥과 북서쪽의 노령산맥에서 모여든 물줄기가 남해로 흘러드는 거예요.

또 우리나라는 계절에 따라 강수량의 차이가 심해서 하천의 물의 양이 크게 변해요. 특히 여름에는 집중 호우로 하천 주변에 홍수가 일어나서 주민들이 큰 피해를 입기도 해요. 반면에 겨울에는 비가 거의 오지 않아 강바닥이 드러날 정도로 물이 적어져요. 이처럼 하천의 물높이가 일정하지 않기 때문에 배가 다니기에는 좋지 않아요.

하천의 물높이가 일정하지 않은 이유에는 여름철의 집중 호우 말고도 하천의 물길이 좁은 이유도 있어요. 말하자면 물을 담는 그릇이 작은 것이지요. 그러다 보니 집중 호우 때에는 물높이가 순식간에 올라가서 물이 넘치고, 강수량이 적은 계절에는 물높이가 쉽게 낮아져서 물 부족을 겪게 돼요. 그래서 우리나라에서는 하천을 운하로 이용하는 것이 쉽지 않답니다.

낙동강의 지류인 내성천이 둥글게 휘감아 흐르는 회룡포 마을이야.

우리나라 하천의 또 다른 특색은 직선보다 곡선 모양이 많다는 거예요. 쭉 뻗은 하천보다는 구불구불 휘어진 하천이 많아요. 산지에서는 옆보다는 아래로 침식이 일어나기 때문에

대부분의 산에서 아름다운 계곡을 볼 수 있답니다.

# 넓은 평야를 보려면 어디로 가야 하나요?

우리나라 평야의 분포

우리나라는 평야보다는 산지가 많은 나라예요. 하지만 산지 사이사이에 작은 규모의 평지와 조금 큰 규모의 분지들이 만들어져 있고, 큰 하천이 바다와 만나는 곳에는 넓은 충적 평야들이 만들어져 있어요.

우리나라의 평야는 주로 어디에 있어요?

대부분의 산지가 북동쪽에 있고 동해안 쪽으로 치우친 경동 지형이다 보니 평야가 주로 발달한 곳은 큰 하천이 흘러가는 서쪽과 남쪽이에요. 황해로 흘러드는 큰 하천의 하류에는 거의 대부분 유명한 평야들이 있다고 보면 돼요. 가장 북쪽인 압록강 하류의 용천평야에서부터 가장 남쪽인 영산강 하류의 나주평야와 낙동강 하류의 김해평야까지 여러 곳에서 찾아볼 수 있어요. 우리나라 지도에서 서해안을 따라 초록색이 칠해져 있는 것은 이 때문이지요.

와! 넓다!

평야 지역에서 가장 중요한 부분은 하천이 운반해 온 비옥한 흙을 쌓아 둔 충적 평야이지만, 우리나라 하천 하류에서는 보통 구릉성 산지가 함께 나타나요. 구릉지는 기복이 작고 경사가 거의 없기 때문에 평야의 일부로 보기도 해요. 논으로 이용하는 충적 평야와 달리 보통 과수원이나 밭농사에 이용되지요.

우리나라의 평야 가운데 가장 넓은 곳은 우리나라의 곡물 창고라고 불리는 호남평야예요. 호남평야는 오랜 세월 침식을 받아 낮아진 고도 5~25m의 구릉성 산지와 그 사이사이의 충적 평야로 이루어졌어요. 만경강과 동진강이 흐르면서 흙을 쌓아 만든 평야이지요. 특히 하류 쪽의 충적 평야는 과거에 상류 쪽의 금강에서 흘러나온 많은 흙이 남쪽으로 움직여 가다가, 밀물 때 이곳으로 밀려들면서 넓은 면적에 걸쳐 쌓인 거예요. 여기에 주변의 갯벌을 간척해서 만든 간척 평야까지 더해지면서 호남평야는 우리나라에서 가장 넓은 평야가 되었어요.

우리나라 평야

# 낙동강 삼각주는 정말 삼각형 모양인가요?

삼각주

낙동강이 바다로 흘러가는 곳에 가면 조금 특이하게 생긴 충적 평야를 볼 수가 있어요. 마치 여러 개의 섬 같기도 하고 아닌 것 같기도 하고…….

하천이 바다로 흘러드는 곳(하구)에서는 갑자기 폭이 넓어지기 때문에 물이 흐르는 속도가 갑자기 약해져요. 그래서 가지고 오던 흙을 내려놓으면서 퇴적이 활발하게 일어나지요. 이때 서해안처럼 밀물과 썰물의 흐름이 강한 곳에서는 하구에 흙이 쌓이지 못하고 모두 쓸려가 버려요.

하지만 남해안에는 서해안만큼 밀물과 썰물의 흐름이 강하지 않기 때문에 퇴적이 활발하게 일어나지요. 하구 주변의 해안을 따라 퇴적이 점점 크게 일어나면서 새로운 땅을 만들게 되고, 원래 한 줄기였던 하천이 여러 갈래로 갈라져 흐르면서 새로운 땅이 몇 개의 섬으로 나뉘게 되지요. 이러한 과정을 거쳐 만들어진 땅을 '삼각주'라고 불러요. 우리나라에서는 압록강 하구와 낙동강 하구에 삼각주가 만들어져 있는데, 삼각주로 이루어진 이곳의 평야를 각각 용천평야, 김해평야라고 불러요.

그런데 삼각주는 정말 삼각형 모양이에요?

아니에요. 이런 지형을 삼각주라고 부르는 이유는 이집트의 나일 강 하구에 만들어진 이런 지형이 이집트 문자의 델타(△), 즉 삼각형 모양을 닮았기 때문이에요. 그 뒤로 비슷한 과정을 거쳐 만들어진 지형은 그 모양에 상관없이 삼각주라고 부르는 거예요. 낙동강의 삼각주 역시 삼각형 모양과는 거리가 멉니다.

    삼각주는 고도가 낮기 때문에 홍수가 나면 크게 피해를 입어요. 하지만 홍수가 날 때마다 새롭게 쌓이는 비옥한 흙은 농사에 아주 유리하지요. 고운 흙이 쌓인 곳이라 논으로 이용하기에 좋거든요.

    낙동강 삼각주에서도 논농사를 주로 지었어요. 하지만 최근에는 교통이 발달하면서 가까운 부산, 창원, 마산 등의 도시로 오고 가기가 쉬워지자 변화가 생겼어요. 쌀보다 이윤이 많이 남는 작물로 바꾸기 시작한 것이지요. 그래서 도시 사람들이 좋아하는 채소, 꽃을 재배하는 원예 농업이 활발해졌어요. 특히 이곳은 남쪽이라 겨울에 비닐하우스만 씌우면 사시사철 채소와 꽃을 기를 수 있지요. 최근에는 이곳에서 재배한 꽃을 외국으로 수출하고 있답니다.

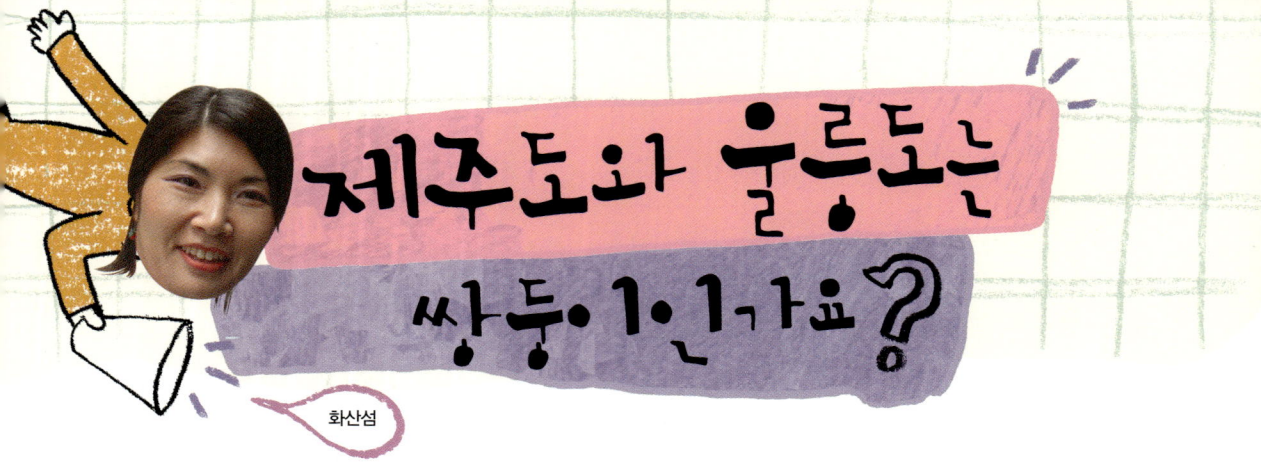

# 제주도와 울릉도는 쌍둥이인가요?

화산섬

우리나라에는 3,153개의 섬이 있어요. 이 섬들은 대부분 바닷물의 높이가 올라가면서 산꼭대기였던 곳이 물에 잠겨서 만들어진 거예요. 하지만 제주도와 그 주변의 섬들, 울릉도와 독도는 다르게 만들어졌어요.

가장 먼저 만들어진 것은 독도예요. 약 460만 년 전에서 250만 년 전까지 바다 밑에서 솟아나온 용암이 바닷물에 식어 굳고, 또 솟아나고 굳는 과정을 되풀이한 결과 고도가 2,000m 이상 높아져서 수면 위로 드러난 거예요.

다음으로 만들어진 울릉도는 약 250만 년 전에는 육지였던 곳에 용암이 솟아나와 2,000m 이상의 화산이 만들어지고 바닷물에 잠겨 섬이 되었어요. 그 뒤 침식을 오래 받아 거의 평탄해진 뒤 다시 화산 활동이 일어났고 현재의 경사가 급한 모습이 되었어요.

제주도는 120만 년 전에 바닷속에서 용암이 솟아나기 시작해서 50만 년간 계속 쌓인 결과 바다 위로 드러나 섬이 되었어요. 얼마 뒤 다시 화산 활동이 일어나 한라산이 만들어졌고요. 그 뒤 한라산 기슭에 작은 화산인 오름이 여기저기 만들어져 현재의 모습이 되었어요. 이처럼 제주도와 울릉도는 '화산 활동으로 나온 용암이 오랜 시간 쌓여서 만들어진 섬'이라는 공통점을 가지고 있어요.

그러면 제주도와 울릉도는 쌍둥이처럼 비슷한가요?

몇 가지 큰 차이점이 있어요. 섬의 전체적인 모양과 분화구의 모양이 다르고, 제주도에는 울릉도에 없는 '오름'이라는 게 있다는 것이 다르답니다.

　제주도는 잘 흘러가는 용암이 굳어서 경사가 급하지 않은 방패 모양의 섬이 되었고요. 울릉도는 잘 흘러가지 않는 용암이 굳어서 경사가 급한 종 모양의 섬이 되었어요. 그래서 제주도에는 농사를 지을 땅이 많은 반면에, 울릉도에는 농사지을 땅이 부족하고 도로를 만들기도 힘들지요.

　섬의 정상 부분도 다르게 생겼어요. 제주도는 용암이 솟아나온 분화구에 물이 고여 있는데 이를 백록담이라고 부르고, 울릉도는 분화구 주변이 더 무너지고 넓어져서 분지처럼 되었는데 이곳을 '나리 분지'라고 불러요.

　그리고 울릉도와 달리 제즈도에는 '오름'이란 독특한 봉우리가 많아요. 한라산이 만들어진 뒤 작은 규모로 화산 폭발이 이곳저곳에서 일어나면서 작은 동산 모양의 화산들이 만들어졌지요.

105

동·서해안의 차이

　동해안으로 놀러 간 기억을 떠올려 보세요. 넓은 모래사장, 맑고 파란 바다, 높은 파도.

　이제 서해안으로 놀러 갔던 기억을 되살려 보세요. 물이 쫙 빠진 해변, 뿌연 바다 색깔, 잔잔한 파도, 발이 푹푹 빠지는 갯벌. 어때요? 동해안과 서해안의 모습은 무척 다르지요.

동해안과 서해안의 모습이 다른 이유는 무엇 때문이에요?

지도에서 동해안과 서해안을 번갈아 보면 누구나 '동해안은 해안선이 단조롭고 서해안은 복잡하다'는 것을 쉽게 알 수 있는데요. 동해안과 서해안에 여러 가지 차이점이 생기는 이유는 해안선 모양이 다르기 때문이랍니다.

서해안은 해안선이 들쭉날쭉 복잡해요. 육지 쪽으로 움푹 들어간 '만'이 많고 물의 깊이가 얕지요. 그래서 해안 쪽으로 다가오던 파도의 힘이 약해지므로 파도가 잔잔하지요.

하지만 밀물과 썰물의 흐름, 즉 조류는 매우 세요. 널찍한 그릇보다는 좁은 그릇에서 물이 들어오고 빠질 때 속도가 빠른 것과 같아요.

밀물 때의 바닷물 높이와 썰물 때의 바닷물 높이의 차이가 10m까지 나기도 하는데 이것을 '조석 간만의 차가 크다'라고 말해요. 밀물과 썰물 때문에 일어나는 바닷물의 흐름이 세고 깊이가 얕기 때문에 갯벌도 잘 만들어져요.

동해안의 경우, 해안선에 변화가 거의 없고 물의 깊이가 깊다 보니 높고 센 파도가 그대로 해안에 부딪혀요. 그리고 모래사장이 연이어 나타나는 것을 볼 수 있어요. 동해로 흘러드는 하천이 모래를 많이 날라 오는데, 모래가 해안가 바닷물의 흐름을 타고 이동하다가 파도에 의해 밀어 올려져서 해안에 쌓이기 때문이에요.

어떤 곳은 만의 입구에 모래가 길쭉하게 쌓이면서 만을 막아 호수가 만들어지기도 했어요. 이런 호수를 '석호'라고 하는데 경포대 해수욕장 뒤편의 경포호, 속초시의 청초호 등이 유명해요.

그리고 동해안에서는 계단 모양의 땅을 볼 수도 있어요. 우리나라가 서쪽보다 동쪽이 높은 경동 지형이라고 했던 것 기억나지요? 이 계단 모양의 땅은 동해안 쪽이 서해안 쪽보다 많이 들어 올려져 만들어진 거예요. 파도의 침식으로 평평하게 깎인 땅이 올라가면서 마치 계단처럼 보이게 된 것이지요. 이런 지형을 '해안 단구'라고 불러요. 많은 사람들이 매년 1월 1일이면 해맞이를 하러 가는 정동진 해안이 대표적이에요.

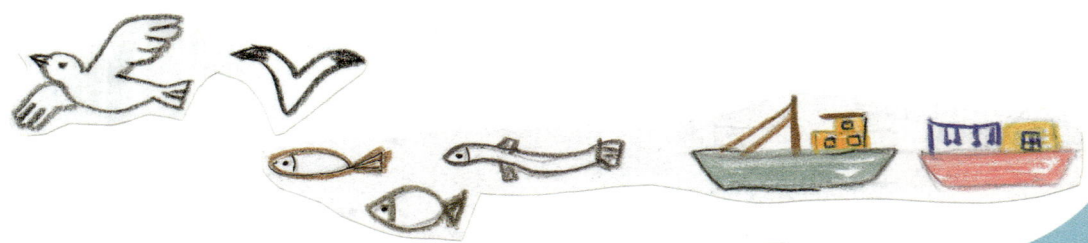

Tip: 태양과 달이 바다에 미치는 힘 때문에 하루에 두 번 바닷물이 이쪽 저쪽으로 쏠리는 현상을 '조석'이라고 해요. 이 현상 때문에 바닷물이 쏠려 나가는 것을 '썰물', 밀려 들어오는 것을 '밀물'이라고 하지요. 또 이 현상 때문에 생기는 바닷물의 흐름을 '조류'라고 해요.

서해안의 갯벌

동해안의 해안 단구 지형인 정동진

서해안은 바다가 얕고 파도가 잔잔하여 갯벌이 발달했어요.

동해안은 바다가 깊고 파도가 거세요.

### 교과서와 함께 공부해요.

- **3학년 1학기**_1.우리 고장의 모습_3)고장 사람들이 하는 일
  2.고장의 자랑_4)고장을 대표하는 것
- **4학년 1학기**_1.우리 지역의 자연 환경과 생활 모습_3)우리 지역의 생활 모습
- **4학년 2학기**_1.경제생활과 바람직한 선택_2)생산 활동과 직업의 세계
- **5학년 1학기**_2.우리가 사는 지역_2)촌락 지역의 생활
- **5학년 2학기**_1.우리나라의 경제 성장_1)우리나라 경제생활의 특징

농업과 어업, 농수산물의 특산물, 공업과 상업 및 서비스업 등 우리나라의 산업에 대해 알아보아요.

4장
우리나라의 산업

# 농업은 어떤 활동을 말하나요?

농업

아주 오래전 원시 시대 사람들은 무엇을 먹고 살았을까요?

먼저 주변의 나무에 달려 있는 열매들을 먹었고, 도구를 만들어 짐승을 잡아서 먹었어요.

그러다가 먹고 버린 열매의 씨앗에서 싹이 트고, 점점 자라서 나무가 되고 열매를 맺는 것을 우연히 보게 되었어요. '씨앗을 많이 심어서 키워 먹으면, 더 이상 먹을 것을 찾아 돌아다니지 않아도 되겠구나!' 하고 생각하게 되었지요. 이렇게 해서 시작된 것이 농업이어요.

어떤 활동을 농업이라고 해요?

인간이 먹고사는 데 필요한 식물을 땅에 심어 키워서 다양한 곡물과 채소류를 거두는 생산 활동을 '농업'이라고 해요.

농업은 지역마다 재배하는 작물의 종류나 재배하는 방법이 아주 다양해요. 기후와 땅의 성질이 다르기 때문이지요. 우선 어디서 농사를 짓느냐에 따라 논, 밭, 과수원으로 나눌 수 있어요. 논은 물을 채우고 벼를 재배하는 땅이에요. 평지여야 하고 근처에 하천이 발달해서 물을 채우기 좋은 곳에 주로 만들어져요. 밭은 물을 가두지 않고 다양한 작물과 채소류, 담배나 인삼 같은 것들을 재배하는 곳이에요. 과수원은 산지 지역의 경사가 완만한 곳에서 과일 나무를 재배하는 곳이지요.

어떤 작물을 재배하느냐에 따라 곡물 농업과 원예 농업으로도 구분할 수 있는데요. 곡물 농업은 쌀·밀·보리 등의 곡식을 재배하는 것이고, 원예 농업은 채소나 화훼(꽃, 나무)를 재배하는 거예요. 이것들은 모두 신선하게 공급해야 하는 것이어서 시장과 가까워야 해요. 그래서 원예 농업은 주로 대도시 근처나 교통이 편리한 곳에서 이루어져요.

# 고도가 높은 산지에서도 농사를 짓나요?

고랭지 농업

엄마를 따라 시장에 갔을 때 채소 가게 팻말에 '고랭지 감자'라고 쓰여 있는 것을 본 적이 있을 거예요. 옆에 배추에도 '고랭지 배추'라고 쓰여 있었을 거예요. 그 감자와 배추는 모두 고랭지 농업으로 길러진 것이기 때문에 그런 팻말이 붙어 있는 것이랍니다.

고랭지 농업이 뭔데요?

먼저 '고랭지'라는 말은 한자로 高(높을 고) 冷(찰 냉) 地(땅 지)라고 써요. 그대로 풀어 쓰면 '높고 차가운 곳'을 뜻해요. 고도가 높은 곳은 고도가 낮은 곳보다 기온이 낮아요. 그래서 겨울에는 평지보다 더 춥지만 여름에는 서늘해서 채소류를 재배하기에 아주 좋아요. 채소는 우리나라의 여름처럼 기온이 높고 햇볕이 강하면 쉽게 죽거든요.

그래서 평지에서는 여름에 채소를 잘 재배하지 않아요. 하지만 여름에도 서늘한 고랭지에서는 배추나 무 같은 채소가 싱싱하게 자랄 수 있어요. 서늘하니까 해충의 피해가 적어서 생산량도 많고요. 감자는 원래 서늘한 기온에서 잘 자라기 때문에 고랭지에서 인기 있는 작물이랍니다.

이처럼 고도가 높은 곳의 서늘한 여름 기후를 이용해서 하는 농업을 '고랭지 농업'이라고 해요.

우리나라에서는 주로 고도 700m 이상의 산지 지역이 고랭지에 해당돼요. 하지만 모든 고랭지에서 고랭지 농업을 할 수 있는 것은 아니에요. 경사가 너무 급하면 농사를 짓기 힘들거든요. 그래서 산지 지역 가운데에서도 비교적 평탄한 곳에 밭을 만들어요. 강원도의 평창군이 대표적이지요.

거기는 고랭지가 아니라니까.

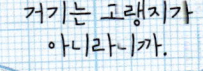

고랭지 농사 지어야지!

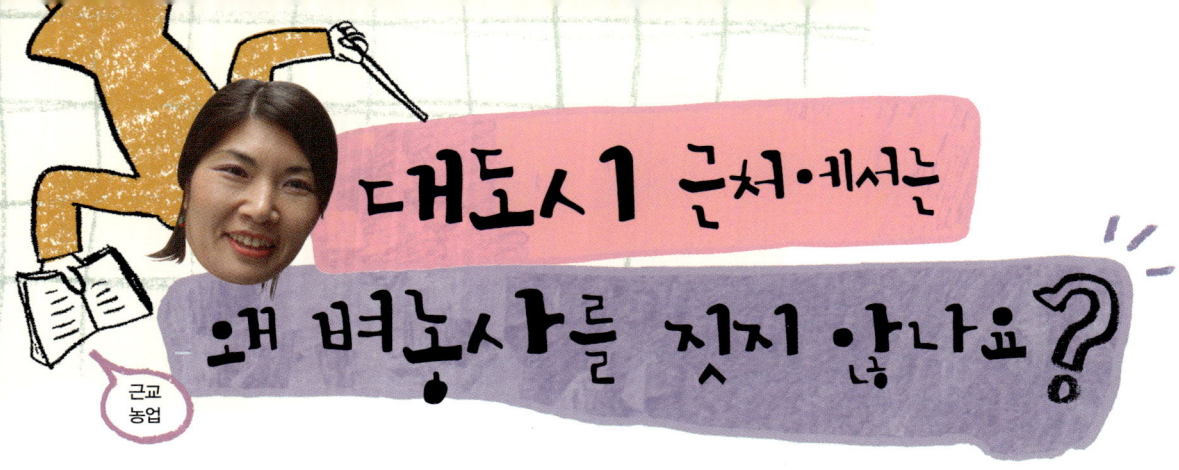

근교 농업

# 대도시 근처에서는 왜 벼농사를 짓지 않나요?

대도시 주변의 농촌에 가 본 적이 있나요? 벼를 기르는 논은 별로 없고 비닐하우스가 많았을 거예요. 비닐하우스에서는 채소나 꽃 등을 주로 기르지요.

대도시 주변에서는 왜 벼농사를 안 지어요?

> 많은 농부들은 땅을 빌려서 농사를 지어요. 그런데 대도시 주변의 농지가 신도시로 개발되면서 땅값이 비싸지자, 일 년에 한 번 수확하는 벼농사를 해서는 도저히 땅을 빌려 쓰는 대가를 지불할 수 없게 되었어요. 따라서 일 년에 여러 번 수확하면서 도시 사람들이 즐겨 찾는 작물, 많이 팔 수 있는 작물을 길러야만 손해를 보지 않게 되었지요. 그래서 벼농사를 짓지 않게 된 거예요.

그러면 도시 사람들이 즐겨 찾는 작물은 무엇일까요? 채소와 꽃이 대표적이에요. 도시에 사는 사람들은 싱싱한 채소를 원하고, 각종 기념일과 기념식 등을 많이 하기 때문에 꽃을 필요로 하는 경우가 많아요.

그런데 일 년 내내 채소나 꽃을 수확하려면 특별한 방법이 필요해요. 겨울에 난방을 할 수 있는 비닐하우스 안에서 재배하는 것이지요. 겨울에 수확한 작물은 값이 비싸도 팔리기 때문에 비용은 크게 문제가 되지 않아요. 겨울에도 비싸지만 딸기를 먹을 수 있는 것은 이런 농업 방식 때문이랍니다.

대도시 주변에서는 목축을 하는 방법도 달라지는데 고기보다는 우유, 치즈, 버터 등을 신선하게 공급하기 위해 젖소를 키우는 낙농업이 활발하게 이루어져요. 실제로 서울 근처의 남양주·시흥·화성·평택·안성 등에 전국 젖소의 약 50%가 분포하고 있어요.

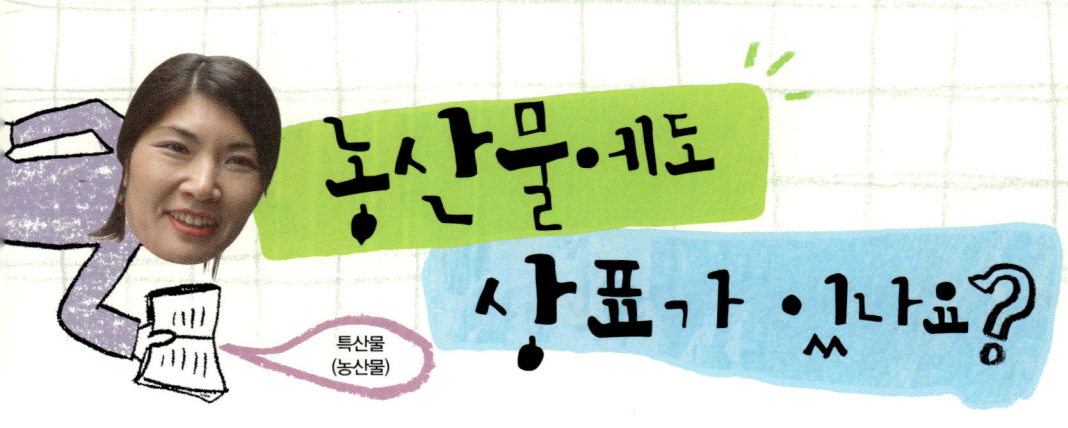

특산물
(농산물)

어느 신문사에서 2009년 경쟁력 있는 농산물 상표 1위를 선정했어요. 임금님표 이천 쌀, 햇사레 복숭아, 의성 마늘, 봉화 송이, 보성 녹차 등이 뽑혔어요. 이 상표들이 1위로 선정된 이유는 무엇일까요?

우선 이천에는 남한강이 만든 비옥한 평야가 있어서 흙의 성분과 날씨 조건이 쌀의 질을 좋게 하는 데 유리해요. 이곳에서 난 쌀로 밥을 지으면 찰지고 윤기가 흐르는 데다 맛이 뛰어나서 이천 쌀은 전국 최고의 품질을 인정받고 있어요.

햇사레 복숭아는 햇빛이 많고 물이 잘 빠지는 경기도 장호원 일대에서 재배되는데, 과즙이 많고 매우 달아서 유명해요.

경상북도 의성에서는 연교차와 일교차가 큰 기후 조건과 특유의 흙 성분 덕분에 단

단하고 즙이 많고, 매운맛이 강한 마늘이 생산되지요.

　녹차를 만드는 차나무는 따뜻하고 비가 많은 곳, 물이 잘 빠지는 흙이 있는 곳, 햇빛과 그늘이 적당히 만들어지는 곳에서 잘 자라요. 이러한 조건을 잘 만족시키는 곳이 전라남도 보성이에요. 전국 녹차 생산량의 절반 정도가 여기에서 나오지요.

지역마다 특정한 농작물이 잘 재배되는 까닭은 뭐예요?

농작물마다 재배하기에 적당한 온도, 비의 양, 햇빛의 양, 땅의 모양이 다르기 때문이에요. 그러다 보니 특별히 품질이 좋은 작물이 생산되는 지역이 있는 거랍니다.

　일반적으로 서해안의 넓은 평야에서는 쌀을 재배하고요. 강원도에서는 서늘한 기후를 이용해서 감자, 옥수수를 많이 재배해요. 충청북도의 산간 지역에서는 고추, 마늘을 주로 재배하고, 경상북도에서는 일교차가 크고 일조량이 많아서 사과를 많이 재배해요. 제주도에서는 따뜻한 기후에서 자라는 귤 재배가 활발해요.

---

연교차 1년 동안 측정한 기온, 습도 등의 최댓값과 최솟값의 차이를 말해요.
일교차 기온, 습도, 기압이 하루 동안 변화하는 차이를 말해요.
일조량 지표면에 비치는 햇볕의 양을 말해요.

우리 집 어항에 금붕어를 키우는 것도 어업인가요?

어업

하천 근처나 바닷가에 사는 사람들이 손쉽게 먹을거리를 구하는 방법은 무엇일까요? 물속에 사는 물고기나 조개를 잡으면 되겠지요.

사람들은 처음에는 자기가 먹을 만큼만 잡다가 점점 잡는 양이 많아지자, 먹고 남는 물고기를 시장에 내다 팔게 되었어요.

물고기를 판 대가로 다른 곡식이나 과일을 살 수 있게 되자 '물고기만 많이 잡아서 팔아도 먹고살 수 있겠구나!' 하고 생각하게 되었지요. 이것이 어업이 시작된 유래랍니다.

어떤 활동을 어업이라고 해요?

팔기 위한 목적으로 바다·하천·호수 등에서 물고기·조개·해조류 등을 잡거나 캐는 활동을 말해요. 최근에는 잡는 것뿐 아니라 기르는 것(양식업)까지 포함해요. 잡거나 기른 것을 공장에서 가공해서 제품(어묵, 생선 통조림 등)을 만드는 것까지 포함해서 말할 때에는 어업이 아니라 수산업이라고 하지요.

예전에는 자연에서 살고 있는 어류나 해조류를 그대로 잡는 어업 활동이 대부분이었어요. 하지만 생태계를 고려하지 않고 마구 잡는 바람에 물고기나 조개의 양이 크게 줄어들었지요. 그래서 사람이 환경을 만들어서 물고기나 조개를 기르는 어업 활동이 늘어났어요. 이를 양식업이라고 해요.

바다에서 이루어지는 어업 활동은 장소가 어디냐에 따라 세 가지로 나뉘어요. '연안 어업'은 아침에 배를 타고 나가서 해 지기 전에 올 수 있는 가까운 거리에서 이루어지는 어업이고, '근해 어업'은 좀 더 멀리에서, '원양 어업'은 태평양처럼 아주 먼 바다에서 이루어지는 어업이에요. 참치 잡이가 대표적이지요.

# 대게를 먹으려면 동해로 가야 한다고요?

특산물 (수산물)

지역 별로 유명한 우리나라의 수산물에는 무엇이 있나요?

영덕의 대게, 서해안의 꽃게, 동해안의 오징어, 통영의 굴, 완도의 김, 기장의 미역과 멸치가 유명해요.

해마다 3월 중순이 되면 동해안 영덕의 강구항은 전국에서 몰려든 사람들로 발 디딜 틈이 없어요. 유명한 영덕 대게를 먹기 위해 먼 거리를 달려온 사람들 때문이지요. 5월이 되면 인천의 소래포구, 태안의 안면도에서도 같은 일이 벌어져요. 서해안의 꽃게를 먹기 위해 몰려든 사람들 때문이에요.

유명한 수산물이 많구나!

대게는 차가운 바다에서 살아요. 그래서 겨울에 차가운 바닷물의 흐름인 한류의 영향을 받는 동해 바다에서 잡혀요. 반면에 꽃게는 따뜻하고 얕은 바다를 좋아해요. 그래서 5~6월에 황해 바다가 따뜻해지면 알을 낳기 위해 북쪽으로 이동하는데 이때 많이 잡히지요.

동해안에서는 오징어가 많이 잡혀요. 3월 즈음 따뜻한 바닷물의 흐름인 난류를 따라 새끼 오징어들이 이동하면서 점점 자라서, 8월 즈음에는 울릉도까지 올라가요. 그래서 이때 동해 바다에는 오징어가 아주 풍부하지요.

 서해안에서는 새우, 조기와 함께 갯벌에서 굴, 바지락, 낙지가 많이 잡혀요. 남해안에서는 양식업이 활발한데, 전라남도 완도는 질 좋은 김으로 유명해요. 완도 근처 바다는 김이 자라기에 온도가 적당하고 오염되지 않아 품질이 좋아요. 경상남도 통영은 좋은 굴이 나기로 유명해요. 굴은 바다가 너무 깊지 않으면서 따뜻해야 하고 파도가 잔잔해서 잘 떠내려가지 않아야 하는데 통영 앞 바다가 좋은 장소예요. 기장에서는 질 좋은 미역과 멸치가 생산돼요. 기장 앞바다는 깊은 바닷속에서 차가운 물이 솟아올라 영양분이 풍부하고 물이 깨끗해요. 미역과 같은 해조류가 자라기에 더없이 좋은 환경이지요.

 이처럼 수산물마다 적절한 수온과 바닷물의 흐름이 필요하다 보니 지역마다 대표적인 수산물이 다르고, 잡히는 양이나 품질도 다양할 수밖에 없어요.

# 공업은 어떤 활동을 말하나요?

　우리가 입고 있는 옷, 신고 있는 신발, 연필·공책·지우개 같은 학용품은 어떻게 만들어질까요? 옷은 목화를 따서 실로 만들고 천을 짠 뒤, 오리고 바느질을 해서 만들어요. 신발은 석유에서 어떤 물질을 뽑은 뒤 고무처럼 만들어 밑창을 붙이고요. 연필은 나무를 깎고 흑연이란 광물을 캐서 연필심을 만든 뒤 합치지요. 이런 모든 활동을 '공업'이라고 한답니다.

공업의 정확한 뜻이 뭔데요?

자연에서 나오는 물질을 사람의 힘으로 이리저리 바꾸고 변화시켜서 새로운 물건을 만들어 내는 활동을 '공업'이라고 해요.

옛날에는 이런 활동을 집에서 손으로 했어요. 천도 손으로 짜고 나무도 손으로 깎고 강철도 손으로 두드려 만들었어요. 그래서 집에서 손으로 하는 공업, 즉 '가내 수공업'이라고 했지요. 하지만 기계가 발명되면서 이 일을 기계가 대신 하기 시작했어요. 이제 집이 아닌 공장에서 기계가 만들어 내는 공업, 즉 공장제 기계 공업이 주가 되었어요. 당연히 만들어 내는 속도와 양이 엄청나게 늘어났지요.

공업은 어떤 물건을 만들어 내는지에 따라 경공업, 중공업, 첨단 공업으로 나뉘어요. '경공업'은 가벼운 물건을 만드는 거예요. 옷을 만드는 의류 공업, 신발을 만드는 신발 공업, 과자를 만드는 제과 공업 등을 말해요. '중공업'은 무거운 제품을 만드는 거예요. 철광석에서 철을 뽑아 철근을 만드는 제철 공업, 기계를 만드는 기계 공업, 배를 만드는 조선 공업 그리고 자동차 공업 등이 해당돼요. 여기에 석유에서 다양한 물질을 뽑아내서 제품을 만드는 석유 화학 공업이 추가되면 '중화학 공업'이라고 말해요.

'첨단 공업'은 휴대 전화, 반도체, 의료 기기처럼 매우 정밀한 제품을 만들어 내는 공업이에요. 기술 하나로 많은 이익을 얻는 공업이지요.

반도체 낮은 온도에서는 거의 전기가 통하지 않지만 높은 온도에서는 전기가 잘 통하는 물질로, 전자 제품에 꼭 필요한 중요 부품이에요.

# 공장은 어떤 곳에 세워야 하나요?

공장의 입지 조건

사람들이 공장을 만드는 이유는 무엇일까요? 제품을 만들어 팔아 돈을 벌기 위해서이지요. 많은 돈을 벌려면 공장을 어디에 세우느냐가 중요해요.

어떤 곳에 공장을 세워야 하는데요?

수입과 수출이 편리하고, 원료를 구하기 쉬우며, 값싼 노동력이 풍부한 곳에 세워야 해요.

예를 들어 우리나라의 대표적인 공장인 포항 제철소는 왜 해안 지역인 포항에 자리 잡았을까요?

이익을 많이 남기려면 생산에 드는 비용을 줄여야 해요. 생산 비용에는 원료비, 운송비, 노동비 등이 포함되는데, 포항 제철소의 경우 원료인 철광석을 수입해 와서 강철을 만들어서 수출해야 해요. 따라서 다른 나라에서 철광석을 운반해 오는 비용과 다른 나라로 수출하기 위해 운반하는 비용이 가장 많이 들어요. 그러니까 수입과 수출이 편리한 해안에 위치해야 하지요.

시멘트 공업처럼 원료의 무게가 너무 무거운 경우에는 달라져요. 원료가 나는 곳에서 원료인 석회석을 부수고 필요 없는 것은 버린 뒤, 가벼운

시멘트 가루로 만들면 시장까지 운반하는 비용을 줄일 수 있지요. 그러니까 원료가 나는 곳에 공장을 세워야 해요.

나무로 가구를 만드는 공장은 어디에 세우는 것이 유리할까요? 가구는 즈그만 흠집만 있어도 팔리지 않으므로 나무를 시장 근처까지 운반해 와서 가구를 만든 뒤 시장까지 운반하는 것이 중요하지요. 그래서 가구 공장들은 도시 근처에 많이 있어요.

텔레비전이나 냉장고를 만드는 공장에서는 수많은 부품을 사람들이 일일이 조립해야 해요. 이 경우에는 노동력이 많이 필요하기 때문에 값싼 노동력이 풍부한 곳에 공장을 세워야 해요.

# 상업과 서비스업은 서로 사촌인가요?

상업과 서비스업

우리는 옷, 신발, 학용품을 어떻게 얻지요? 공장에 직접 가서 사 오나요? 옷이나 신발을 파는 가게나 문방구에 가서 돈을 내고 사 오지요. 이때 옷이나 신발, 학용품 같은 상품을 팔아서 이익을 보는 가게 주인의 행위를 '상업'이라고 해요.

또 머리카락이 너무 길어서 자르려고 해요. 미용실에 가서 자르고 그 대가로 돈을 냈어요. 이때 머리카락을 잘라 주고 이익을 본 미용실 주인의 행위가 '서비스업'이에요.

상업 활동과 서비스업 활동의 정확한 뜻이 뭐예요?

상업은 물건이나 서비스를 팔아 이익을 추구하는 활동이라고 할 수 있어요. 그 가운데 물건이 아닌 서비스, 즉 사람의 어떤 행위처럼 눈에 보이지 않는 상품을 팔아 이익을 얻는 활동을 서비스업이라고 따로 구분해요.

상업에는 각종 가게와 음식점, 대형 마트, 백화점, 인터넷 쇼핑몰 등이 모두 포함되고 서비스업에는 미용실뿐 아니라 은행, 보험 회사, 통신 회사, 버스 회사 등이 포함돼요. 은행에서는 저축한 돈을 관리해 주고, 보험 회사에서는 보험금을 내면 각종 보험 혜택을 제공해 주어요. 통신 회사에서는 요금을 내면 전화나 인터넷을 이용할 수 있게 해 주고요. 버스 회사에서는 요금을 내면 원하는 장소까지 운전을 해서 데려다 주지요.

최근에는 단순히 물건을 파는 상업보다 각종 서비스를 제공해서 이익을 얻는 서비스업이 더 발달하고 있어요. 사회가 발달할수록 소비자들의 욕구가 다양해지면서 택배 등 새로운 서비스업이 많이 생겨나고 있지요.

하지만 가장 대표적인 서비스업은 관광 산업이에요. 관광 상품을 개발해서 제공하는 여행사들, 관광지의 여러 음식점들, 잠을 자고 머무르는 여관, 민박, 호텔 등이 모두 해당되지요.

# 1차, 2차, 3차 산업은 어떻게 달라요?

산업의 분류

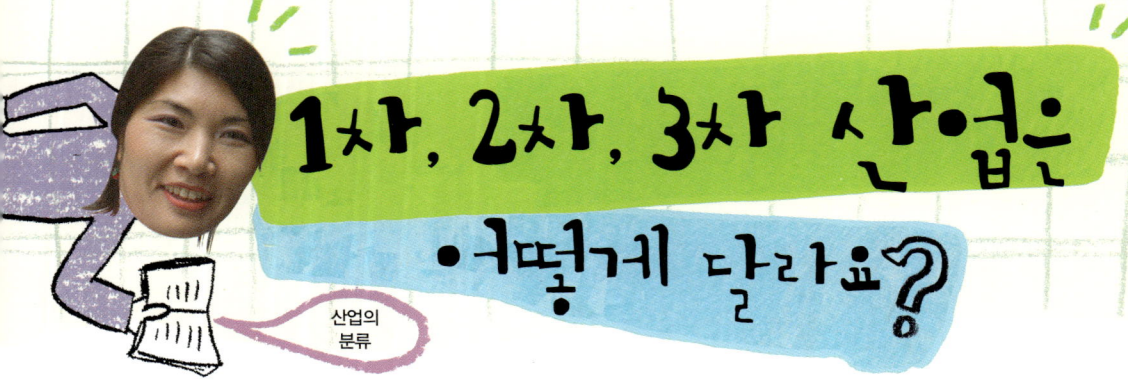

1차 산업, 2차 산업, 3차 산업에는 어떤 차이가 있어요?

농업, 목축업, 어업, 임업처럼 자원을 직접 얻거나 생산 과정이 자연 환경과 직접 관련된 산업을 1차 산업이라고 해요. 1차 산업에서 생산된 것을 변형해서 새로운 것을 만들어 내는 산업을 2차 산업이라고 해요. 공업과 건축업 등이 여기에 해당되지요. 단, 자연에서 석탄이나 철광석, 금 등을 채굴해서 가공하는 광업은 구분이 애매해서 1차 산업에 넣기도 하고 2차 산업에 넣기도 해요. 다음으로 1차 산업이나 2차 산업에서 생산된 제품을 이동시키고, 소비하고, 보관하는 활동과 관련된 산업을 3차 산업이라고 해요. 제품을 판매하는 곳으로 옮기는 유통업, 이를 판매하는 도매업과 소매업이 해당되지요. 상품 판매 외에 금융업, 보험업 같은 서비스업도 3차 산업에 포함시켜요.

경제 발전 수준이 낮을 때에는 1차 산업이 주요 산업이 돼요. 그러다가 공장 지을 돈을 마련하고 기술을 개발하면서 각종 공업을 발전시키지요. 공업과 같은 2차 산업은 대량으로 상품을 만들어 판매하고, 다른 나라에 수출도 해서 높은 이익을 얻을 수 있어요.

하지만 환경 오염을 일으키는 단점이 있는 데다 어느 정도 물질적으로 풍족해지면 2차 산업의 필요성이 점점 줄어들어요. 그리고 생활 수준이 높아지면서 사람들의 욕구가 점점 다양해지기 때문에 서비스업의 숫자가 크게 늘어나지요. 국가 경제에서 3차 산업의 비중이 커지게 되는 거예요.

우리나라 역시 1차 산업에서 시작해서 1960년대 이후부터 2차 산업의 발전에 온 힘을 기울였어요. 하지만 지금은 3차 산업의 비중이 가장 크답니다.

## 교과서와 함께 공부해요.

- **4학년 1학기**_1.우리 지역의 자연 환경과 생활 모습_3)우리 지역의 생활 모습
  3.더불어 살아가는 우리 지역_4)함께 살아가는 사람들
- **4학년 2학기**_2.여러 지역의 생활_3)도시로 모이는 사람들
  2.여러 지역의 생활_4)도시와 촌락의 문제와 해결
  3.사회 변화와 우리 생활_3)우리 사회의 인구 문제
- **5학년 1학기**_1.우리나라의 자연 환경과 생활_1)우리 생활과 자연 환경
  2.우리가 사는 지역_1)도시 지역의 생활
  2.우리가 사는 지역_2)촌락 지역의 생활

농촌에서 도시로 인구가 몰리는 문제, 저출산과 고령화 문제 등 다양한 인구 문제를 포함해 그 해결 방법, 인구 분포와 인구 이동 등 우리나라의 인구에 대한 여러 가지를 배워요.

# 인구가 뭐예요?

아무도 살지 않던 강가에 한 가족 4명이 이사를 왔어요. 기후도 좋고 물도 많고 땅도 비옥해서 농사를 짓기 시작한 그해 가을 엄청나게 많은 쌀을 수확했어요. 그런데 이 사실이 어떻게 알려졌는지 사람들이 몰려들기 시작하더니 2가구, 3가구, 4가구…… 계속 늘어나면서 사람들의 수가 점점 많아졌어요. 그래서 이곳의 인구는 4명에서 50명이 되었지요. 이럴 때 '인구가 증가했다'라고 말해요.

인구가 뭐예요?

인구는 특정 나라나 지역에 살고 있는 사람의 수를 말해요.

인구수가 늘어나는 것을 '인구 증가'라고 하고 인구수가 줄어드는 것을 '인구 감소'라고 해요. 인구가 증가하는지 감소하는지 알려면 태어나는 사람의 수(출생자 수)와 죽는 사람의 수(사망자 수)를 비교해 보면 돼요. 사망자 수보다 출생자 수가 더 많으면 인구가 증가한 것이고, 반대이면 인구가 감소한 거예요.

예를 들어 2008년 한 해 동안 서울특별시의 출생자 수는 94,736명이었

어요. 사망자 수는 38,298명이었고요. 한번 계산해 볼까요?

출생자 수 − 사망자 수 = 94,736명 − 38,298명 = 56,438명

5만 6천 명 정도가 자연적으로 증가했네요. 하지만 이런 자연적인 증가와 감소보다는 사람들이 이사 오거나 나가면서 일어나는 변화가 더 많아요.

이번에는 2008년 한 해 동안 서울특별시로 이사 온 사람의 수(전입자 수)와 서울특별시에서 이사 나간 사람의 수(전출자 수)를 비교해 볼까요?

전입자 수 − 전출자 수 = 1,212,597명 − 440,344명 = 772,253명

77만 명 정도가 증가했어요. 따라서 2008년 한 해 동안 서울특별시의 인구는 자연적으로 증가한 56,438명과 이동으로 증가한 772,253명을 더해서 총 828,691명이나 증가했어요.

하지만 어떤 지역의 인구에 대해 파악할 때에는 단순히 인구수와 인구가 증가하는지 감소하는지 그 변화만 살펴봐서는 안 돼요. 어떤 나이의 사람들이 많은지 또는 적은지, 여자가 많은지 남자가 많은지도 알아봐야 해요.

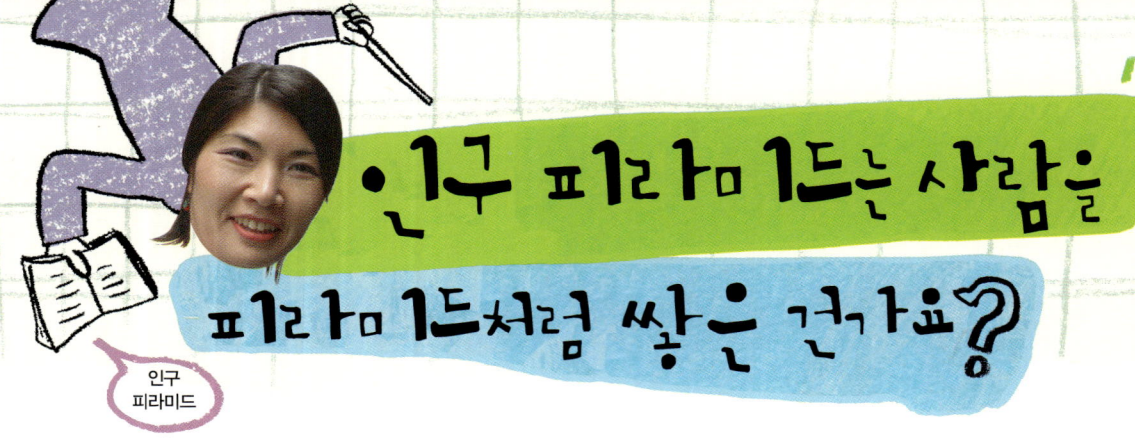

인구 피라미드

우리나라에 내 나이 또래의 학생들은 몇 명이나 살고 있을까요? 여학생이 더 많을까요, 남학생이 더 많을까요? 이런 게 궁금할 때에는 인구 피라미드를 보면 된답니다.

인구 피라미드가 뭐예요? 사람을 피라미드처럼 쌓은 건가요?

인구 피라미드는 어느 지역의 성별·나이 별 인구수를 한눈에 알 수 있게 그린 그래프예요. 그래프의 모양이 피라미드 같다고 해서 이런 이름이 붙었어요. 그래프의 가로축은 인구수를 나타내고 세로축은 나이를 나타내요. 그리고 반을 나눠서 왼쪽은 남자 인구를, 오른쪽은 여자 인구를 표시하지요.

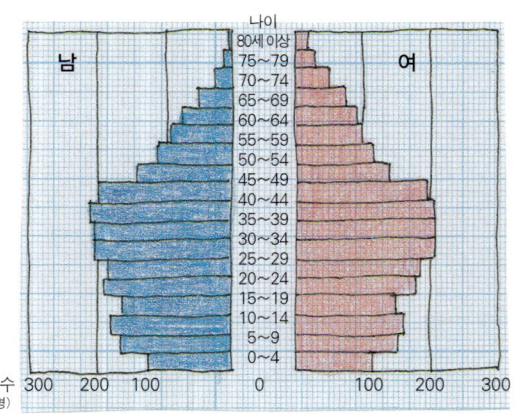

2005년 우리나라 인구 피라미드

옆의 그래프는 우리나라의 2005년 인구를 인구 피라미드로 표현한 거예요.

여러분 나이 또래의 남자 인구와 여자 인구의 수를 읽어 볼까요? 세로축의 10~14세를 짚고 왼쪽으로

136

가서 눈금을 읽으면 180만 명 정도이고, 오른쪽으로 가서 눈금을 읽으면 160만 명 정도 되네요. 남자가 여자보다 20만 명 정도 더 많아요.

지역마다 인구의 특색이 다르기 때문에 인구 피라미드의 모양은 다양해요. 오른쪽 전라남도 구례군의 인구 피라미드는 앞의 그림과 많이 달라요. 먼저, 20대에서 50대에 이르는 젊은 어른들의 수가 많지 않아요. 60대, 70대 노인들의 수와 별로 차이가 나지 않지요. 농촌 지역이라서 노인 인구가 젊은 인구보다 많아서 그래요.

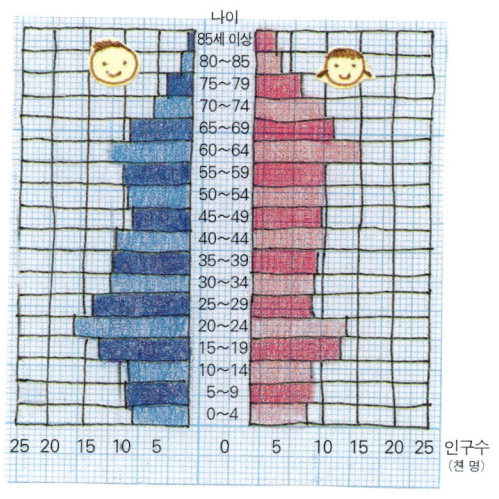

2001년 전라남도 구례군 인구 피라미드

같은 지역이라도 시간이 지나면서 인구 특색이 달라지기 때문에 그 모양이 변해요. 예를 들어 1960년 우리나라의 인구 피라미드는 왼쪽처럼 생겼어요. 2005년의 모양과 많이 다르지요. 어린 아이의 수가 많고 나이가 많아질수록 수가 크게 줄어드는 것을 알 수 있답니다.

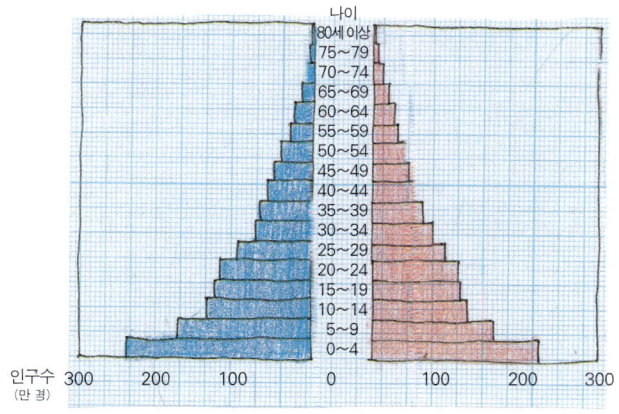

1960년 우리나라 인구 피라미드

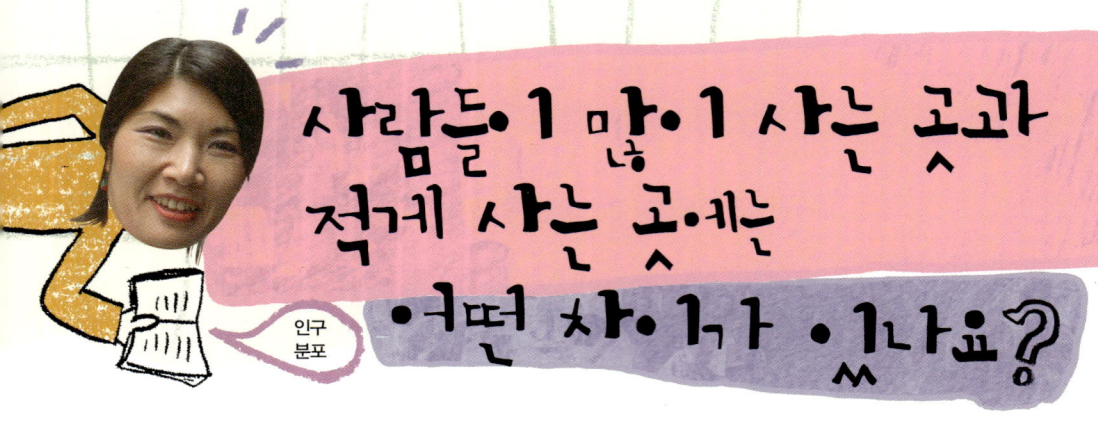

인구 분포

　밤에 하늘에서 우리나라를 내려다본다고 상상해 보세요. 어떤 곳은 유난히 불빛이 많이 반짝이는 반면에 어떤 곳은 캄캄할 거예요. 여기에서 불빛이 뜻하는 것은 무엇일까요? 사람이 살고 있다는 것을 뜻하지요. 불빛의 수를 인구수라고 한다면 불빛이 흩어져 있는 정도는 인구 분포라고 할 수 있어요.

인구 분포가 뭐예요?

사람들이 어디에 얼마만큼 살고 있는지, 흩어져 있는 정도를 인구 분포라고 해요. 인구가 주변 지역에 비해 많이 몰려 있을 때에는 '인구가 밀집되어 있다'라고 하고, 인구가 주변 지역에 비해 거의 없을 때에는 '인구가 희박하다'라고 해요.

그렇다면 많은 사람들이 살고 싶어 하는 곳이어서 인구가 밀집되는 곳은 어디일까요? 반대로 사람들이 살기 싫어해서 인구가 희박한 곳은 어디일까요? 아래 표에서 인구가 밀집될 것 같은 곳을 골라 표시해 보세요.

| 자연 환경 | 인문 환경 |
|---|---|
| 기후가 추운 곳( ) | 교통이 편리한 곳( ) |
| 기후가 온화한 곳( ) | 산업이 발달한 곳( ) |
| 산지( ) 평야( ) | 교육 시설이 발달된 곳( ) |
| 흙이 기름진 곳( ) | 문화 시설이 발달된 곳( ) |

기후가 온화하고 평지여야 활동하기에 좋고, 흙이 기름져야 농사가 잘 되겠지요. 그리고 교통이 편리해야 이동이 쉽고 산업이 발달해야 일자리를 얻을 수 있어요. 교육 시설이 잘되어 있어야 자녀를 키울 수 있고 문화 시설이 많아야 여가 생활을 즐길 수 있어요. 이런 지역은 사람들이 몰려들어서 인구 밀집 지역이 돼요. 반면에 위의 조건을 갖추지 못한 지역은 사는 사람이 별로 없어서 인구 희박 지역으로 남게 되지요.

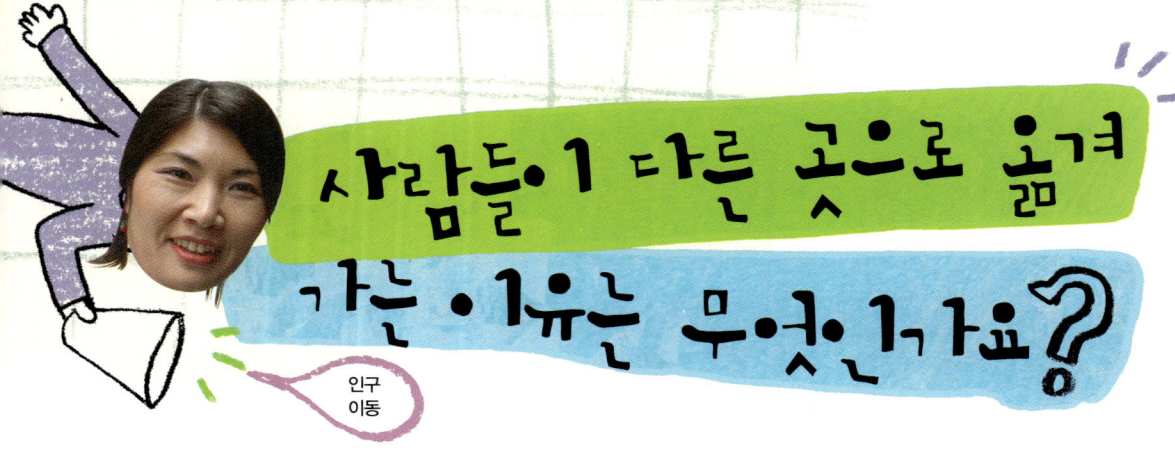

# 사람들이 다른 곳으로 옮겨 가는 이유는 무엇인가요?

인구 이동

어떤 지역의 인구수가 늘 일정하게 유지되는 것은 아니에요. 항상 인구 이동이 일어나기 때문이지요. 사람들이 한 지역에서 다른 지역으로 이동하는 현상을 '인구 이동'이라고 해요.

인구 이동은 왜 일어나는 거예요?

인구 이동이 일어나는 원인에는 여러 가지가 있어요. 살던 곳보다 자연 환경이 더 좋은 곳을 찾아 떠나기도 하고, 일자리를 찾아 이동하기도 해요. 전쟁이 일어나 피난민이 되어 이동하는 경우도 있고, 정치적인 이유로 이동하는 경우도 있어요.

예를 들어, 일제 강점기 때 우리나라에서는 일제의 지배를 피해 중국이나 러시아로 떠나는 사람들이 많았어요. 정치적인 이유로 생긴 인구 이동이었지요.

1960년대 이후에는 경제 개발이 이루어지면서 도시에 공장들이 들어서자 일자리를 찾아 농촌을 떠나 도시로 이동하는 경우가 많았어요. 경제적인 이유로 생긴 인구 이동이지요.

우리나라에서 다른 나라로 이민을 가는 경우도 인구 이동에 속해요. 국제적 인구 이동이라고 하지요. 최근에 중국이나 동남아시아의 노동자들이 일자리를 찾아 우리나라로 오고 있는데 이것도 국제적 인구 이동에 해당돼요.

인구 이동은 그 지역에 심각한 문제를 일으키기도 해요. 대표적인 예가 농촌에서 도시로 일어나는 인구 이동이에요. 농촌에 살던 젊은이들이 힘든 농사일을 버리고 도시로 일자리를 찾아 이동한 결과, 농촌에는 일할 사람이 부족해요. 저출산 현상으로 아기를 낳지 않아 학교도 문을 닫고 노인들만 남아 농촌을 지키고 있지요. 반면에 도시는 사람들이 몰려들어 너무나 혼잡해요. 집이 부족해서 집값이 비싸지고, 일자리에 비해 사람이 많아 일 없이 노는 사람이 늘고, 교통도 점점 혼잡해져서 갈수록 살기 힘든 곳이 되어 가고 있지요.

# 남자와 여자의 인구수가 다른 것도 문제가 되나요?

인구 문제

농촌 지역의 아저씨들은 장가를 가기 힘들어서 나이가 들도록 혼자 살거나, 다른 나라에서 신붓감을 데려오기도 해요. 농촌에는 결혼할 만한 상대가 없기 때문이에요. 여자들이 농촌 일이 힘들고 싫어서 대부분 도시로 가 버렸거든요.

이처럼 남자 인구와 여자 인구가 크게 달라서 인구의 성별 차이가 나는 것을 인구 문제라고 해요. 섬유 공업이나 전자 조립 공업이 발달한 도시에는 공장에서 일을 하기 위해 여자들이 많이 몰려들어요. 이런 곳에서는 농촌과 반대로 여자 인구가 훨씬 많은데 이것도 인구 문제가 되지요.

인구 문제에는 또 어떤 게 있어요?

어떤 지역에 특정한 나이대가 유난히 많거나 적은 것, 인구가 필요 이상으로 증가하거나 감소하는 것, 인구가 고르게 퍼져 있지 않은 것도 모두 인구 문제예요.

농촌에 어린 아이들과 젊은이는 찾아보기 어렵고 노인들만 남아 있어도 인구 문제이고, 대도시처럼 전국에서 몰려든 젊은이들 때문에 다른 나이에 비해 젊은 층의 인구가 너무 많아도 인구 문제예요.

농촌을 떠나 도시로 사람들이 몰려들면 한정된 공간에 인구가 계속 늘어나기 때문에 집이 부족하고 교통 체증과 환경 오염도 심해져요. 반면에 인구가 빠져나간 농촌은 인구가 감소해서 노동력이 부족하고 삭막해지지요. 이처럼 인구가 필요 이상으로 증가하거나 생활이 불편할 정도로 감소할 때, 어떤 곳은 인구가 밀집되고 어떤 곳은 인구가 거의 없어 인구가 고르게 퍼져 있지 않을 때, 모두 모두 인구 문제에 해당돼요.

인구의 수나 나이, 성별, 분포 측면에서 불균형이 나타나면 이 때문에 다른 사회 문제가 발생하므로 '인구 문제'라고 하는 것이랍니다.

# 우리나라의 인구는 어떻게 변해 왔나요?

인구 변화

1960년대

"덮어 놓고 낳다 보면 (ㄱㅈㄲ)을 못 면한다."

"아들 딸 구별 말고 (ㄷ)만 낳아 잘 기르자."

"(ㅎㄴ)씩만 낳아도 삼천리는 초만원, 둘도 많다!"

이 표어들은 여러분이 태어나기도 전인 1960년대, 1970년대, 1980년대에 부르짖던 것들이에요. (  ) 안에 들어갈 말은 무엇일까요? 차례대로 '거지꼴', '둘', '하나'가 정답이에요. 아이를 많이 낳지 말라는 뜻이지요. 아이를 많이 낳으라고 권하는 지금과는 정반대이지요?

그러네요. 우리나라의 인구는 어떻게 변해 왔어요?

예전에는 집집마다 아이를 많이 낳아서 인구가 크게 증가했어요. 그러자 나라에서 아이를 적게 낳으라고 권했는데, 노령화와 저출산 문제가 심각한 요즘에는 아이를 낳지 않아 인구가 거의 늘지 않고 있어요.

1953년에 한국 전쟁이 끝나고 아이를 3명 이상 많이 낳던 시절이 있었어요. 인구가 크게 증가하자 정부에서는 가족 계획 사업을 통해 아이를 조

1980년대

1990년대

2000년대

금만 낳도록 권했지요. 이 사업은 크게 성공해서 1990년대가 되자 대부분의 가정에서 아이를 한 명만 낳게 되었어요. 그러자 인구가 늘어나는 속도가 크게 줄었어요.

하지만 또 다른 문제가 생겼어요. 한 명만 낳기 위해 여자아이는 낳지 않고 남자아이만 낳는 가정이 많아진 거예요. 여자아이보다는 남자아이를 원하는 우리나라의 전통적 관습 때문에 이런 일이 벌어진 것이지요. 그러자 정부는 '아들 바란 부모 세대, 짝꿍 없는 우리 세대' 같은 표어를 내세워 아들과 딸을 구별하지 않도록 홍보했어요.

그런데 2000년대에 들어서면서 또 다른 인구 문제가 나타났어요. 사람들이 아예 아이를 낳지 않는 거예요. 그래서 미래에는 인구가 줄어들 것이라는 걱정을 하게 되었어요. 그리고 수명이 길어지면서 노인의 수는 늘어나는데 태어나는 아이들은 줄어들어서, 전체 인구에서 노인이 차지하는 비율이 너무 많아진 것도 문제이고요.

예전에는 아이를 너무 많이 낳아 인구가 빠르게 증가해서 문제였는데, 이제는 아이를 낳지 않아 인구가 감소할 위기에 처하게 되었어요.

웃어야 할지 울어야 할지, 인구 문제는 끊임없이 생겨나고 있어요.

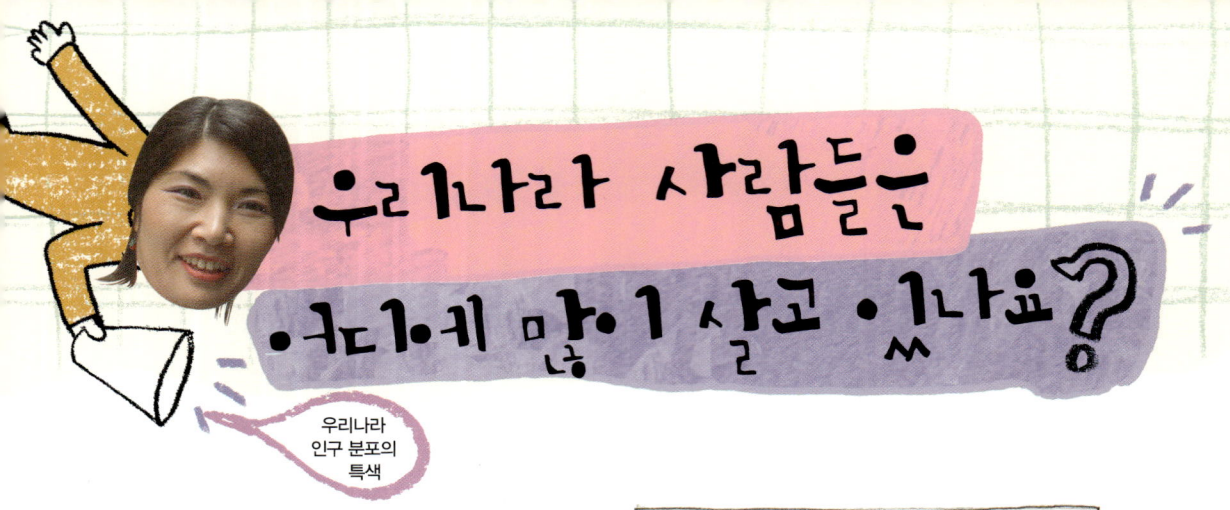

# 우리나라 사람들은 어디에 많이 살고 있나요?

우리나라 인구 분포의 특색

서울에 사는 예슬이가 학교의 도농 교환 학습에 참가해서 강원도 인제군에 있는 한 초등학교로 갔어요.

"와, 공기 좋다. 시끄럽지도 않고 정말 조용하다."

"집도 드문드문 있고 사람들도 가끔 지나가. 길도 안 막히고!"

서울과 강원도 인제군의 모습이 이렇게 다른 이유는 인구 분포의 차이

때문이에요. 서울과 같은 대도시에는 사람들이 너무 많이 살고, 인제군과 같은 농촌에는 사람이 별로 살지 않기 때문이지요. 서울에는 가로 1km, 세로 1km의 땅 안에 16,821명이나 살고 있지만 인제군에는 겨우 19명만 살고 있거든요.

농업이 중심이던 예전에는 평야가 많고 따뜻한 남서부 해안 지역에 인구가 많이 모여 살았어요. 기후가 춥고 산지가 많은 북동부 지역에는 별로 살지 않았지요. 하지만 1960년대부터 공업 중심으로 산업이 발달하면서 공장이 있는 도시로 옮겨 가는 사람들이 많아졌어요. 농촌을 떠나 도시로 옮겨 가는 현상이 심각해졌지요.

그래서 우리나라의 인구 분포는 어떻게 되는데요?

서울을 포함해서 인천, 대전, 광주, 대구, 울산, 부산 같은 대도시에는 인구가 밀집되고, 강원도나 충청도같이 산지가 많고 공업이 발달하지 않은 곳에는 인구가 부족하게 되었어요.

인구가 대도시로 몰리는 이유는 일자리뿐 아니라 여러 기능이 집중되어 있기 때문이에요. 백화점, 대학교, 종합병원, 은행, 영화관, 공연장 등이 모두 있기 때문에 생활이 편리하지요. 반면에 농촌이나 어촌에는 이런 시설들이 갖추어져 있지 않아서 당연히 생활이 불편해요. 젊은이들이 떠나가는 중요한 이유 가운데 하나랍니다.

# 우리 국토의 모습1 머리만 큰 가분수 같다고요?

수도권 인구 집중

수도권은 서울뿐 아니라 서울과 밀접한 관계를 맺고 있는 서울 주변의 지역을 말해요. 흔히 서울과 경기도를 말하지요. 2009년 8월 기준으로 우리나라의 인구는 48,717만 명인데, 그 가운데 48%가 수도권에 살고 있어요. 수도권의 면적은 전국의 11.8%밖에 되지 않는데 말이에요. 면적에 비해 지나치게 많은 사람들이 살고 있는 것이지요.

수도권에 이렇게 많은 사람들이 모이는 이유는 뭐예요?

그 이유는 간단해요. 우리나라 공공기관과 공장의 50% 이상, 4년제 대학과 병원, 서비스 업체의 40% 이상이 수도권에 몰려 있기 때문이에요. 자녀 교육을 위해, 취직을 위해, 의료 서비스를 이용하기 위해 너도나도 수도권으로 이사를 오는 것이지요.

하지만 한정된 공간에 인구가 자꾸 늘어나면서 점점 살기가 힘들어졌어요. 우선 집이 모자라서 집값이 크게 오르고, 좁고 다닥다닥 붙어 있는 집들이 많아졌어요. 건물과 도로가 계속 늘어나면서 산과 숲은 계속 파괴되고, 자동차

공부하러~

는 계속 늘어서 교통 체증은 늘 있는 일이 되어 버렸어요. 당연히 공기는 오염되고 많은 양의 생활 폐수 때문에 하천도 심하게 오염되었어요.

    이러한 문제점을 해결하기 위해 들어가는 비용도 무척 커요. 공기를 맑게 만들고 하천의 오염을 줄이기 위해 각종 장치를 설치해야 하고, 교통 체증을 줄이기 위해 도로를 계속 만들어야 하니까요.

    지금 이 시간에도 수도권의 인구는 계속 늘고 있어요.

    이대로 가다가는 우리 국토의 모습이 마치 머리가 몸통의 2배 이상인 괴물처럼 되어 버릴지도 몰라요.

저 병원이 좋대~

취직하러~

고육시키러~

인구 고령화

할머니, 할아버지가 전체 인구 가운데 7%, 그러니까 100명 가운데 7명이 65세 이상이면 '고령화 사회'라고 해요. 나이가 많은 사회라는 뜻이지요. 우리나라는 2000년에 고령화 사회가 되었어요. 수명이 길어지면서 노인들의 수가 급격하게 늘고 있기 때문이에요.

반면에 태어나는 아이들은 계속 줄고 있어요. 여자와 남자가 결혼을 해서 최소한 아이 2명을 낳아야 인구가 줄지 않지요. 그런데 우리나라는 1.6명을 낳아서 세계에서 출산율이 가장 낮아요 '저출산 문제'가 심각하지요. 여자들이 직장 생활을 할 때 아이를 돌봐줄 사람이 없고, 아이를 키우는 비용이 너무 많이 들어서 출산을 원하지 않는 부부가 많아져서 그렇답니다. 2026년쯤 되면 아이들의 수가 모자라서 문을 닫는 초등학교도 늘어나고, 한 반에 20명 정도만 앉아서 수업을 들을지도 몰라요.

저출산, 고령화 문제가 심각한 이유가 뭐예요?

태어나는 아이는 줄고 오래 사는 노인만 늘어나면, 일을 할 젊은 층이 점점 줄어들어 경제 성장이 어려워져요. 노동력 부족과 함께 소비를 할 사람도 줄면서 경제가 침체될 가능성도 있어요. 그리고 노인 복지 비용이 크게 늘기 때문에 세금을 더 많이 걷어야 해요. 결국 젊은이 한 명이 먹여 살리고 돌봐야 할 노인의 수가 늘어나면서 젊은이의 경제적 부담이 너무 커지는 것이지요.

숲을 이루는 나무에 새싹이 돋지 않으면 그 숲은 건강하지 않은 거예요. 사회도 마찬가지예요. 새로운 아이들이 태어나야 그 나라가 활력 있고 생기 있게 돌아간답니다.

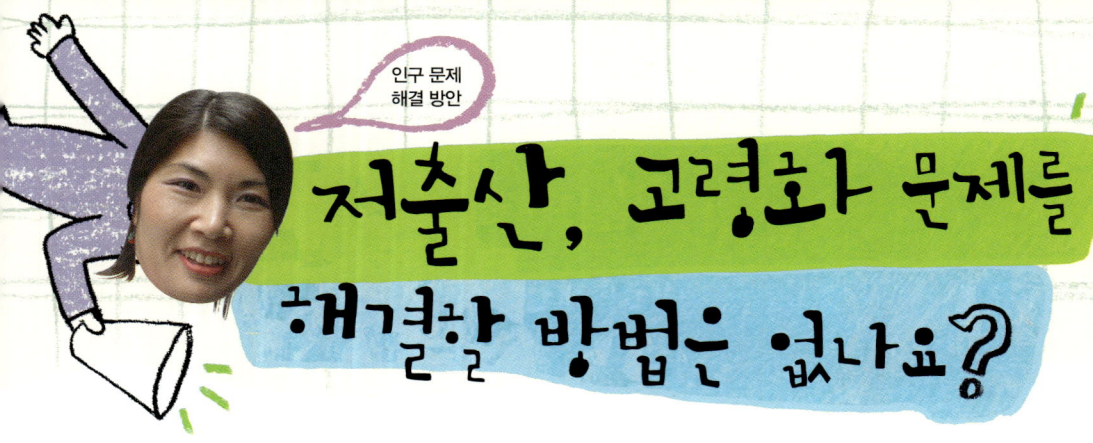

## 저출산, 고령화 문제를 해결할 방법은 없나요?

인구 문제 해결 방안

"우리나라에 아이들이 부족하대요. 그러니까 동생 하나만 낳아 주세요."

"동생이 생기면 엄마가 직장에 나갈 수 없어. 그러면 예슬이 용돈도 제대로 못 줄 텐데, 그래도 괜찮아?"

"앗, 그건 안 돼요!"

예슬이가 동생을 가질 수 있는 방법은 무엇일까요? 엄마가 동생을 낳고도 직장 생활을 계속할 수 있으면 되겠지요. 그러기 위해서는 엄마가 일하는 동안 동생을 돌봐줄 사람이나 탁아소 같은 곳이 있어야 하지요. 그리고 동생이 한두 살 때에는 엄마가 돌볼 수 있도록 휴가를 주어야 해요. 나라에서 관련법을 만들고 탁아소 설치와 운영에 세금을 많이 사용해야 하겠지요. 이런 조건이 보장된다면 출산율은 곧 올라갈 거예요.

저출산 문제를 해결할 또 다른 방법은 없을까요?

우리나라에서 아이를 키울 때 경제적으로 가장 부담되는 것이 교육비라고 해요. 고등학교까지 무상 의무 교육을 실시하고, 국립 대학교의 경우 등록금을 무료로 한다면 출산에 대한 부담이 크게 줄어들 거예요.

우리보다 먼저 저출산 문제를 겪은 유럽에서는 앞에서 말한 것들을 이미 실천했어요. 그래서 지금은 출산율을 크게 걱정하지 않지요. 우리나라도 더 이상 머뭇거리지 말고 진짜 필요한 제도를 만들어야 해요.

출산율이 올라가면 고령화 문제는 자연스럽게 해결될 수 있어요. 노인 인구가 계속 많아지는 건 사실이지만 문제가 되는 건 65세 이상 노인 인구의 비율이에요. 그런데 출산이 늘면 그만큼 65세 이상 노인 인구의 비율이 줄어드는 것과 같은 효과가 있지요.

단, 노인들을 위해 의료 보장을 잘해 주고, 은퇴하는 나이를 늘려 주며, 노인 노동력을 이용하는 산업이 성장할 수 있도록 도와줘야겠지요. 혼자 사는 노인을 돌보는 도우미 제도도 마련해야 할 거예요.

무상 교육이라 좋아!

자네도 육아 휴직인가?

응. 아내가 넷째를 가졌거든.

### 교과서와 함께 공부해요.

- **4학년 1학기**_1.우리 지역의 자연 환경과 생활 모습_3)우리 지역의 생활 모습
- **4학년 2학기**_2.여러 지역의 생활_2)도시의 생활 모습
  2.여러 지역의 생활_3)도시로 모이는 사람들
  2.여러 지역의 생활_4)도시와 촌락의 문제와 해결
- **5학년 1학기**_2.우리가 사는 지역_1)도시 지역의 생활
  2.우리가 사는 지역_2)촌락 지역의 생활
- **5학년 2학기**_1.우리나라의 경제 성장_1)우리나라 경제생활의 특징

도시와 도시화의 뜻, 도시의 종류와 분포, 도시 문제가 나타나는 이유 등 우리나라의 도시에 대해 알아보아요.

# 도시는 어떤 곳이에요?

"도시"

"여기가 바로 서울역이야."

"와, 땅속으로 다닌다."

"서울엔 음식점만 있나 봐."

"그런데 서울은 왜이리 공기가 탁하지?"

    이솝 우화의 〈시골쥐와 서울쥐〉라는 이야기에 보면 도시가 어떤 곳인지 잘 나와 있지요. 시골쥐의 눈에 비친 도시는 사람도 많고, 차도 많고, 건물도 많고 정신없이 복잡한 곳이에요. 실제 도시도 비슷하답니다.

"도시는 어떤 특징을 가지고 있는데요?"

> 도시의 가장 큰 특징은 사람이 많아서 인구 밀도가 높다는 거예요. 사람들이 하는 일의 종류도 다양하고요. 교통·상업·문화·행정 같은 여러 가지 기능의 중심지 역할을 한다는 것도 특징이에요.

먼저 도시는 인구수가 많아요. 우리나라는 인구가 5만 명 이상이 되면 도시로 봐요. 도시 인구의 기준은 나라마다 달라서 프랑스와 독일은 2,000명 이상, 미국은 2,500명 이상, 일본은 5만 명 이상이에요. 한정된 공간에 사람들이 많이 몰리다 보니 인구 밀도가 매우 높아요.

그리고 사람들이 하는 일이 주로 2차, 3차 산업에 해당돼요. 공업이나 상업·서비스업이 대부분이고 농업·어업 같은 1차 산업은 포함되지 않지요. 교통·상업·문화·행정 같은 여러 가지 기능의 중심지 역할을 하므로 공항을 이용한다거나 백화점을 간다거나 영화를 본다거나 국가 기관에 일을 보러 가기 위해서는 도시로 와야 해요.

도시에는 높은 빌딩을 포함한 여러 시설들이 많아서 자연적인 모습보다는 인공적인 모습이 더 많아요. 공원도 만들어진 것이고 산이나 평야는 도로와 건물로 들어차 있어요. 그래서 얼핏 보도 그 모습이 주변의 농촌이나 어촌과는 다르지요.

생활 모습도 다양할 뿐 아니라 인구 이동도 많아요. 그리고 도시에 사는 사람들 간의 관계는 친밀하다기보다는 형식적이고 일시적인 경우가 대부분이에요.

인구 밀도 가로세로 1km 면적 안에 살고 있는 인구수를 말해요.

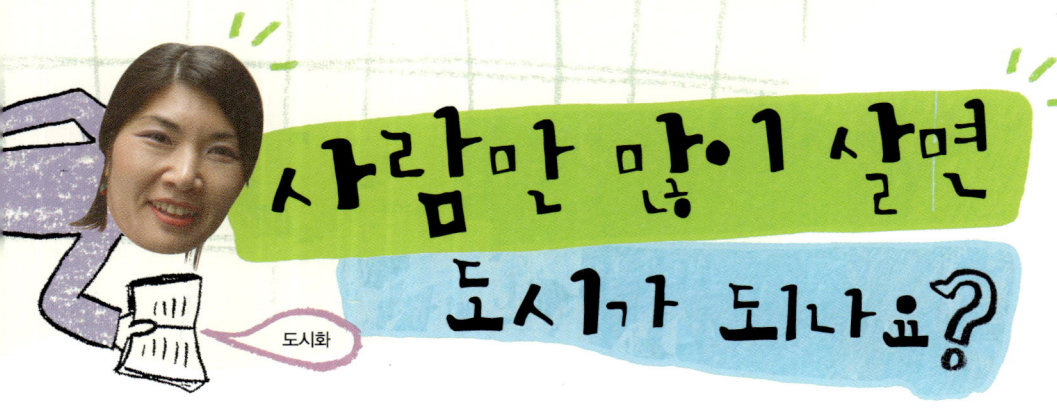

# 사람만 많이 살면 도시가 되나요?

도시화

예슬이가 사는 곳은 1970년까지만 해도 항구가 있는 작은 어촌 마을이었어요. 그런데 어느 날 이곳에 큰 공장이 생기면서 공장을 운영할 사람들과 그 가족들이 서울에서 내려왔어요. 공장에 취직하기 위해 근처 마을에서 사람들도 몰려들었고요. 그러자 늘어난 사람들의 생활을 위해 높은 아파트가 들어서고, 대형 마트와 병원, 학교, 경찰서, 음식점 등 새로운 시설들이 계속 생겨났어요. '도시화'가 된 거예요.

도시화된다는 게 어떤 뜻이에요?

어떤 지역이 도시적인 모습으로 변하는 것을 '도시화'라고 해요. 그리고 한 국가에서 도시의 수가 늘어나고 도시에 사는 인구가 늘어나는 것도 도시화라고 하지요.

예를 들어 1970년에는 우리나라에 도시가 30여 개 있었는데 2008년에는 80개 이상으로 늘어났어요. 개수만 늘어난 것이 아니라 각 도시에 사는 사람의 수도 크게 늘어났어요. 도시화가 많이 진행된 것이지요.

한 나라의 도시화가 진행된 정도를 파악할 때에는 '도시화율'이라는 개념을 사용해요. 인구 100명당 도시에 사는 인구수를 나타낸 거예요.

도시화율(%) = 도시 인구수 ÷ 전체 인구수 X 100

| 연도 | 도시화율 |
|---|---|
| 1970년 | 50.1% |
| 1990년 | 81.9% |
| 2000년 | 88.3% |
| 2007년 | 90.5% |

우리나라의 경우 1970년에 50.1%였던 도시화율이 2007년에는 90.5%로 증가했어요. 인구 100명 가운데 90명이 도시에서 살고 있는 셈이지요. 다른 선진국의 경우 대부분 도시화율이 80%를 넘지 않는데 우리나라는 좀 심한 것 같지요? 선진국에서는 도시화가 200여 년 동안 천천히 진행되었는데, 우리나라에서는 30년이라는 짧은 기간 동안 매우 급하게 진행되었어요. 그래서 유럽의 도시들에서 천천히 생겨났던 문제점들이 우리나라에서는 한꺼번에 나타나고 있지요. 무엇이든지 너무 빠르면 부작용도 빨리 나타나게 마련이에요.

# 도시가 되면 행정 구역 이름도 바뀐다고요?

행정 구역 구분

"경상북도 청송군 청송읍 월외리."

"서울특별시 관악구 청룡동."

두 주소에 어떤 차이가 있는지 알아볼까요? 먼저 우리나라의 행정 구역 체계를 알아야 해요. 우리나라는 전국을 크게 '도'로 구분해요. 경기도, 강원도, 충청남·북도, 전라남·북도, 경상남·북도, 제주특별 자치도, 이렇게 9개의 도로 나뉘지요. 하나의 도는 여러 개의 '군'으로 나뉘고 군은 다시 '면'으로 나뉘어요. 그 가운데 중심지가 '읍'이 되지요. 면과 읍은 다시 '리'로 나뉘어요. 그런데 읍의 인구가 증가해서 도시로 성장하면 행정 구역이 달라진답니다.

도시가 되면 행정 구역이 어떻게 달라지는데요?

읍 대신 '시'가, 리 대신 '동'이 붙어요. 예를 들어 '경상북도 안동군 안동읍 옥정리'가 '경상북도 안동시 옥정동'이 된 것처럼 말이지요. 그리고 어떤 도시가 계속 성장해서 인구가 100만 명 이상이 되고 전국에 미치는 영향이 커지면 시 대신 '특별시'나 '광역시'란 이름이 붙어요. 서울특별시, 인천광역시, 대전광역시, 광주광역시, 대구광역시, 울산광역시, 부산광역시처럼요.

이 경우는 도시가 너무 커서 동으로 바로 나누지 않고 먼저 '구'로 구분해요. 그런 다음 각각의 구를 '동'으로 나누지요.

그래서 행정 구역 이름이 바뀌기도 해요. 예를 들어 충청남도의 한 지역은 대전광역시에 포함되면서 유성면이 유성구로, 구암리가 구암동으로, 복룡리가 복룡동으로 바뀌었답니다.

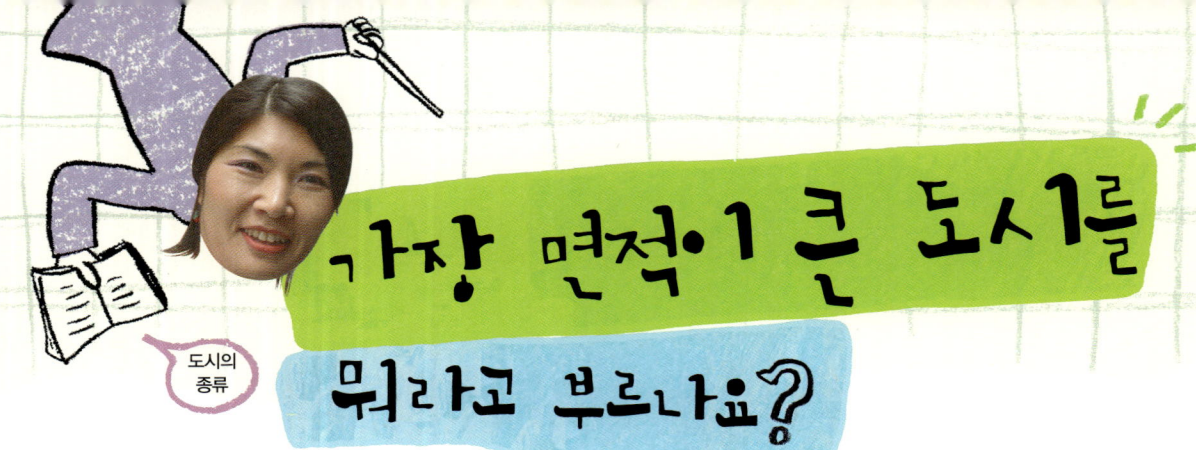

## 가장 면적이 큰 도시를 뭐라고 부르나요?

도시의 종류

도시를 비교할 때 '크다', '작다'라고 하는 기준은 무엇일까요? 도시의 면적으로 비교할까요? 아니에요. 그 도시에 사람이 얼마나 많이 살고 있는지로 비교한답니다. 그래서 도시는 인구수에 따라 거대 도시, 대도시, 중소 도시로 나뉘어요.

그렇다면 우리나라에서 사람이 가장 많이 살고 있는 도시는 어디일까요? 바로 수도인 서울특별시예요. 2009년 8월 기준으로 무려 1,018만 명이나 살고 있어요. 그 다음으로 많이 사는 곳은 부산광역시로 365만 명이 살고 있지요. 반면에 사람이 가장 적게 살고 있는 곳은 3만 4천 명이 살고 있는 계룡시, 그 다음으로 적게 사는 곳은 5만 3천 명이 살고 있는 태백시예요.

소도시, 중도시, 대도시, 거대 도시로 구분하는 기준은 어떻게 돼요?

인구가 50만 명 미만일 때에는 '소도시', 50만 명 이상~100만 명 미만일 때에는 '중도시', 100만 명 이상이고 전국적으로 영향을 미칠 정도로 성장하면 '대도시'라고 해요. 인구가 1천만 명이 넘으면 '거대 도시'로 따로 구분해요.

162

우리나라에서는 강릉시, 충주시, 군산시, 마산시, 제주시 등이 소도시에 해당돼요. 부천시, 청주시, 전주시, 포항시 등이 중도시에 해당되지요. 그리고 인천광역시, 대전광역시, 광주광역시, 대구광역시, 울산광역시, 부산광역시가 대도시에 해당돼요.

그렇다면 1천만 명이 넘는 서울은 어디에 속할까요? 대도시라고 하기에는 너무 거대하기 때문에 거대 도시에 해당된답니다. 세계적으로 흔하지 않은 크기의 도시이지요.

도시에는 직장, 대형 상점, 공공 기관 등이 있어서 주변 지역 사람들이 일을 보기 위해 찾아오는 중심지 역할을 해요. 그런데 대도시 정도로 성장하면 주변 지역뿐 아니라 전국에서 사람들이 찾아올 정도로 전국에 걸쳐 영향을 미치게 된답니다.

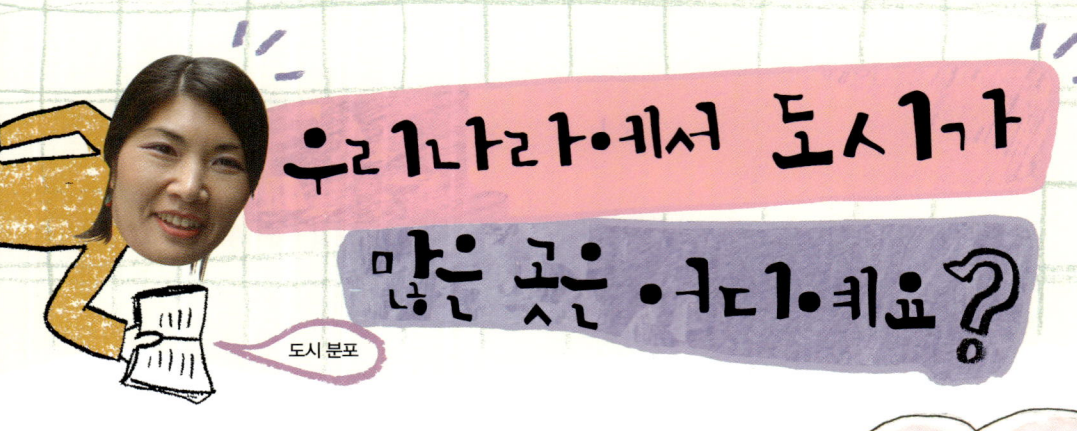

# 우리나라에서 도시가 많은 곳은 어디예요?

도시 분포

조선 시대에 한성으로 불리던 서울은 조선 후기에는 인구가 20만 명이나 되는 도시였어요. 그 당시에는 관청이 있던 전주·대구·공주 등과 상공업이 크게 발달했던 개성·동래·안성·강경 등이 도시로 성장했지요.

그럼 지금은 우리나라 어디에 도시가 많이 발달했어요?

일제 강점기에는 일본 사람이 많이 살던 곳이 도시로 개발되었어요. 항구가 있던 인천·군산·부산, 철도가 통과하던 대전·조치원·김천, 일본의 군사 기지가 있던 진해, 경성(서울)의 관문인 영등포 등이 여기에 해당되지요. 광복이 된 뒤에는 도시로 모여드는 사람들이 크게 늘면서 특히 서울의 인구 집중이 심해졌어요.

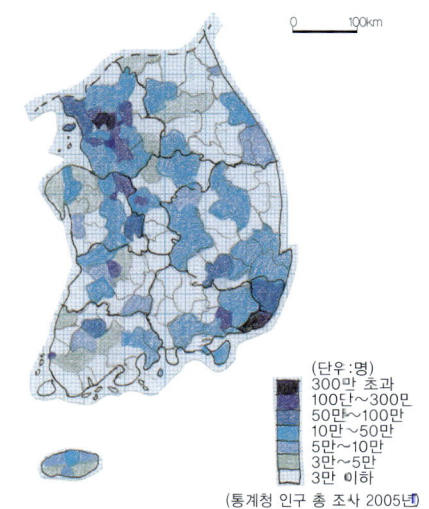

2005년 우리나라 도시 인구 분포

1960년대 이후부터는 '경제 개발 5개년 계획'에 따라 공업화가 급속히 이루어지면서 공업 도시들이 크게 늘어났어요. 특히 포항, 울산, 부산, 창원 등 남동 임해 공업 지역에 도시가 많이 생겨 났지요. 1980년대에는 아시안 게임과 올림픽이 개최되면서 서울에서 가까운 경기도, 요트 경기 등이 개최된 부산이 개발되었고 서울 주변에 분당·일산 등 대규모 신도시가 건설되면서 수도권에 많은 도시가 생겨났지요.

결국 서울과 수도권에 가장 많은 도시들이 몰려 있고 남동 임해 공업 지역과 대전·대구·광주광역시를 중심으로 도시가 발달하게 되었어요. 우리나라 도시 인구 분포를 표시한 지도를 보면 확인할 수 있지요.

도시 분포는 인구 분포와 거의 일치하기 때문에 산지가 많은 동쪽이나 내륙보다는, 평야가 많은 서쪽과 항구가 발달한 남동쪽에 도시가 주로 발달했답니다.

165

# 위성 도시와 인공위성은 어떤 사이예요?

위성 도시

다음의 세 문장에서 공통적으로 나오는 단어는 무엇일까요?

"지구에는 위성이 달 1개만 있지만 토성에는 위성이 17개 있다."

"최초의 인공위성은 1957년 10월 4일 소련이 발사한 스푸트니크 1호이다."

"서울특별시 주변에는 여러 개의 위성 도시들이 있다."

정답은 무엇일까요? '위성'이지요. 하지만 세 '위성'은 서로 다른 뜻을 가지고 있어요. 최근에 가장 많이 들어 본 것은 인공위성의 위성일 거예요. 2009년 8월에 우리 기술로 만든 최초의 인공위성인 나로 호가 발사되면서 우리에게 더욱 익숙해졌지요.

하지만 위성의 원래 의미는 우주에 있는 어떤 행성 주위를 도는 또 다른 행성을 말해요. 지구 주위를 돌고 있는 달이 대표적이지요. 지구 주위를 돌기는 하는데 인간이 만들어서 쏘아올린 장치는 인공위성이라고 해요. 보통 과학 연구나 통신, 일기 예보, 군사 정찰 등을 목적으로 띄우지요.

그렇다면 위성 도시는 뭐예요?
도시는 도시인데 위성처럼 돌고 있는 도시인가요?

166

위성처럼 빙글빙글 도는 도시는 없지요. 위성 도시는 대도시 주변에 있으면서 대도시와 밀접한 관련을 맺고 있는 도시를 말해요.

대도시가 더 커지는 것을 막는 방법 가운데, 도시 바깥에 아예 새로운 도시를 만들어서 원래 도시의 기능을 나누어 맡도록 하는 방법이 있어요. 이렇게 해서 만들어진 새로운 도시는 대도시 주변에 있으면서 대도시와 밀접한 관련을 맺고 있는 것이 마치 위성 같다고 해서 '위성 도시'라고 불리지요.

서울특별시의 경우 경기도에 수많은 위성 도시를 가지고 있어요. 행정 기능을 분담한 과천시, 공업 기능을 분담한 안산시, 주거 기능을 분담한 고양시·성남시·안양시, 군사 기능을 분담한 의정부시 등이에요. 고양시의 일산구나 성남시의 분당구처럼 위성 도시 안의 일부 지역을 '신도시'로 지정하기도 해요.

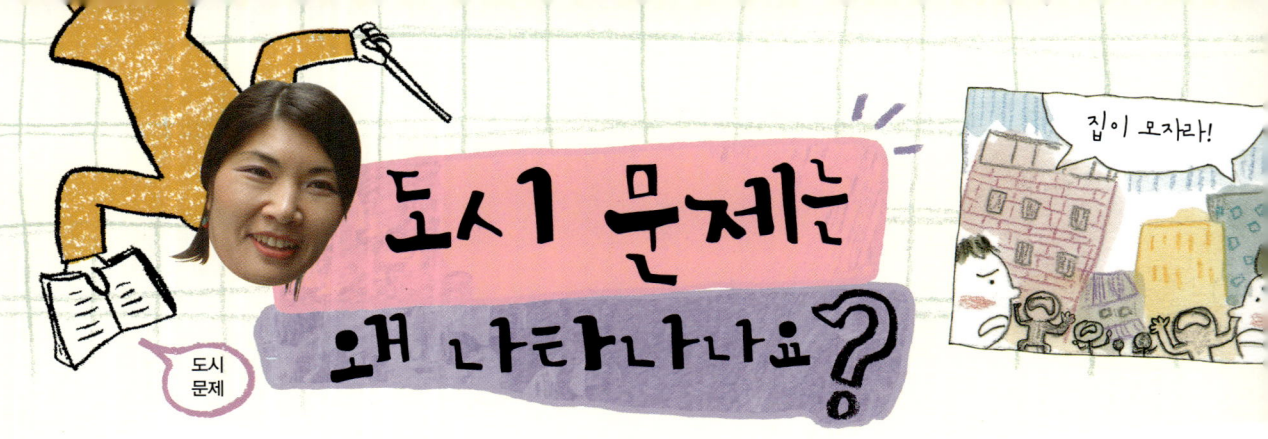

# 도시 문제는 왜 나타나나요?

한정된 공간에 인구가 지나치게 많아지면 주택 부족, 교통 혼잡, 일자리 부족, 범죄 발생 등 많은 문제가 생겨요. 도시가 안고 있는 이런 문제들을 '도시 문제'라고 해요.

도시 문제는 왜 나타나는 건가요?

도시 인구가 급격하게 늘어나는 게 가장 주된 원인이라고 할 수 있어요. 인구가 늘어나는 것에 따라 여러 조건이 함께 변해야 하는데 그렇지 못하기 때문이지요.

먼저, 한정된 공간인 도시에 인구가 지나치게 늘어나면 살 집이 모자라게 돼요. 나라에서는 주택을 늘리기 위해 도시 바깥에 위성 도시를 만들어요. 하지만 위성 도시로 이사를 가더라도 직장이 원래 도시에 있기 때문에 자가용을 사용하는 사람들이 늘어나요. 그 때문에 교통 혼잡은 날이 갈수록 심각해지고 자동차가 뿜어내는 가스로 대기 오염도 심각해지지요.

교통 문제를 해결하기 위해 나라에서는 도시 내부의 도로를 넓히고, 대도시와 위성 도시를 잇는 도로를 계속 만들어요. 그 결과 도시 주변의 숲과 산은 계속 파괴되고, 늘어난 도로만큼 자동차도 더 늘어나 환경 오염은

더욱 심각해져요.

뿐만 아니라 도시의 일자리는 한정되어 있는데 일자리를 구하려는 사람들은 많으니 실업 문제가 생겨요. 먹고살기 힘들어질수록 사람들이 범죄를 일으키는 일도 많아지지요. 도시의 낡은 주택과 건물을 재개발하면서 그곳에 살던 주민과 새로 이사 오는 주민 사이에 갈등이 생기기도 해요.

이러한 도시 문제를 해결하기 위해 대중교통을 이용하기 편하게 바꾸고, 승용차 요일제를 권장하고, 쓰레기 배출량에 따라 수수료가 부과되는 제도인 쓰레기 종량제를 실시하는 등 여러 가지 노력을 하고 있어요.

### Tip

쾌적한 도시를 만들기 위해 유럽의 선진국들을 중심으로 '생태 도시'라는 개념이 생겨나기 시작했어요. 생태 도시란 자연과 인간과 동물이 어우러져 살 수 있도록, 환경 파괴를 최소화하면서 도시를 가꾸는 것을 말해요. 자동차 대신 걷거나 자전거를 이용하도록 해서 도로를 줄이고, 태양 에너지 같은 친환경 에너지를 사용하도록 지붕을 바꾸고, 곳곳의 숲은 그대로 남겨 두는 등의 노력을 하고 있지요. 이 밖에도 더 이상 도시의 크기를 늘리지 않고 높은 건물을 짓지 않음으로써 한 도시에 지나치게 많은 사람이 살지 않도록 하고 있어요.

### 교과서와 함께 공부해요.

- 4학년 1학기_1.우리 지역의 자연 환경과 생활 모습_3)우리 지역의 생활 모습
- 4학년 2학기_2.여러 지역의 생활_1)촌락의 생활 모습
  2.여러 지역의 생활_3)도시로 모이는 사람들
  2.여러 지역의 생활_4)도시와 촌락의 문제와 해결
- 5학년 1학기_2.우리가 사는 지역_2)촌락 지역의 생활

농촌, 어촌, 산지촌 등의 촌락에 사는 사람들의 생활과, 오늘날 촌락이 겪고 있는 문제와 해결 방법 등에 대해 알아보아요.

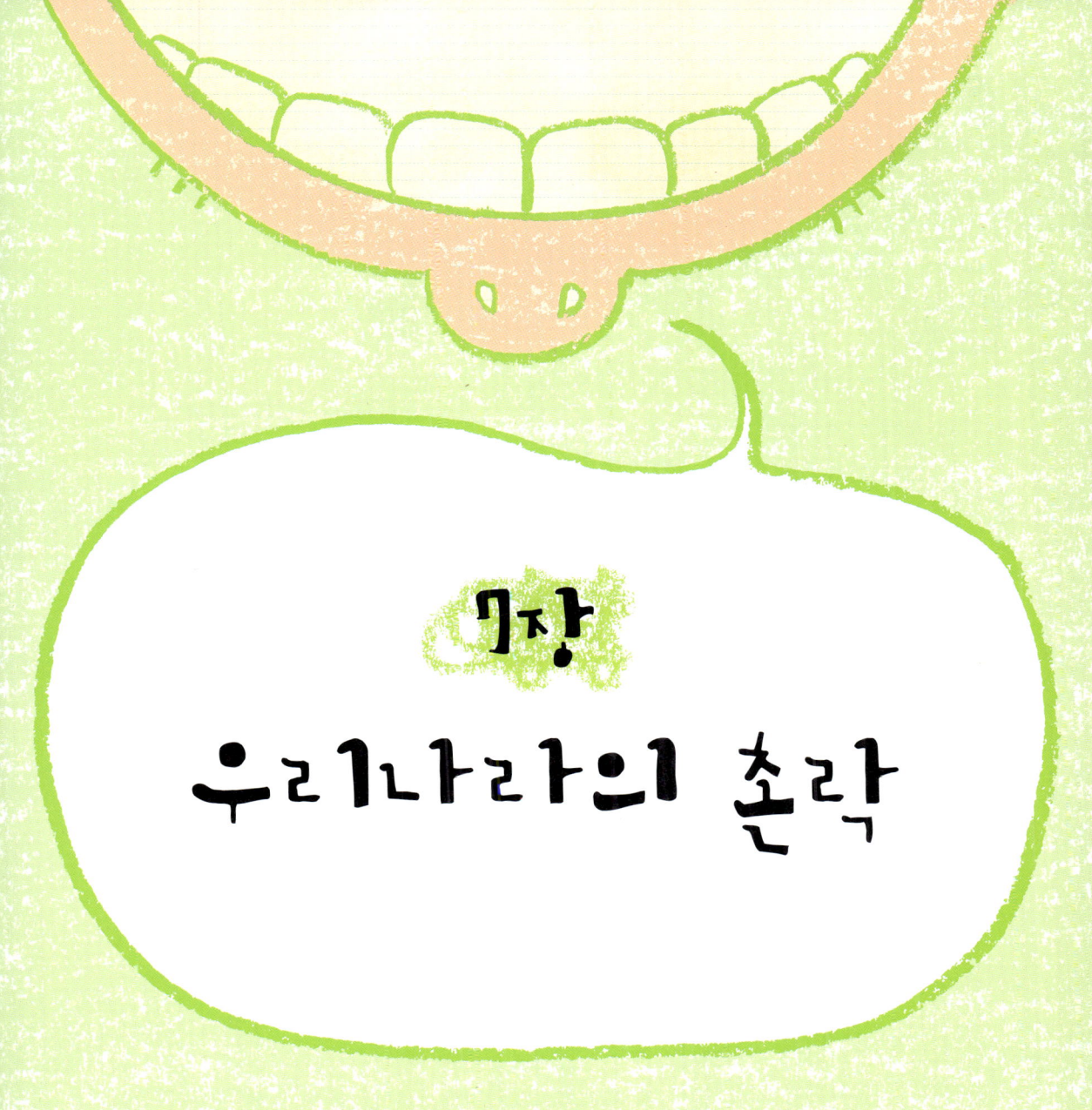

7장
우리나라의 촌락

# 촌락은 어떤 곳이에요?

"할머니!"

"아이고, 내 새끼, 배고플 텐데 할미가 밭에 가서 고구마 좀 캐 오마."

예슬이가 시골 할머니 댁에 놀러 갔어요. 할머니가 사시는 곳은 산골짜기에 자리 잡은 마을인데 집이 15채 정도밖에 되지 않아요. 예슬이 할머니가 사시는 곳을 '촌락'이라고 해요. 20가구가 전부라서 인구가 적은 것은 물론이고, 마을 주민들이 하는 일도 농사로 비슷하지요.

촌락의 정확한 뜻이 뭐예요?

예슬이 할머니가 사시는 마을처럼 적은 수의 사람들이 한 마을을 이루고 농업이나 어업, 임업 같은 1차 산업에 종사하면서 생활하는 지역을 '촌락'이라고 해요.

촌락은 주민들이 어떤 일을 주로 하고 사는지에 따라 농촌, 어촌, 산지촌으로 구분해요. 농촌에서는 벼농사나 밭농사를 주로 하고, 어촌에서는 고기를 잡거나 미역·김·조개 등을 기르며 살아요. 산지촌에서는 밭농사를 짓거나 가축을 기르거나 목재·약초·산나물·버섯 등을 재배하지요.

촌락은 집들이 모여 있는 모습에 따라 조금 다른데요. 여러 집들이 한군데에 모여 있으면 '집촌'이라고 하고, 여기저기에 따로 떨어져 있으면 '산촌'이라고 해요.

여기에서 집촌의 집(集)은 '모여 있다'라는 뜻이고, 산촌의 산은 散(흩어질 산)을 써서 '흩어져 있다'라는 뜻이에요. 집들이 띄엄띄엄 흩어져 있다는 뜻이지요. 과수원이 많은 지역이나 산지가 많은 곳에서는 집들이 모여 있지 않고 가끔 나타나는 것을 볼 수 있어요. 반면에 집촌은 모내기나 추수처럼 공동 작업이 필요한 벼농사 지대나 항구를 중심으로 마을이 들어선 어촌, 석탄이나 철광석이 나는 광산을 중심으로 형성된 광산촌에서 볼 수 있어요.

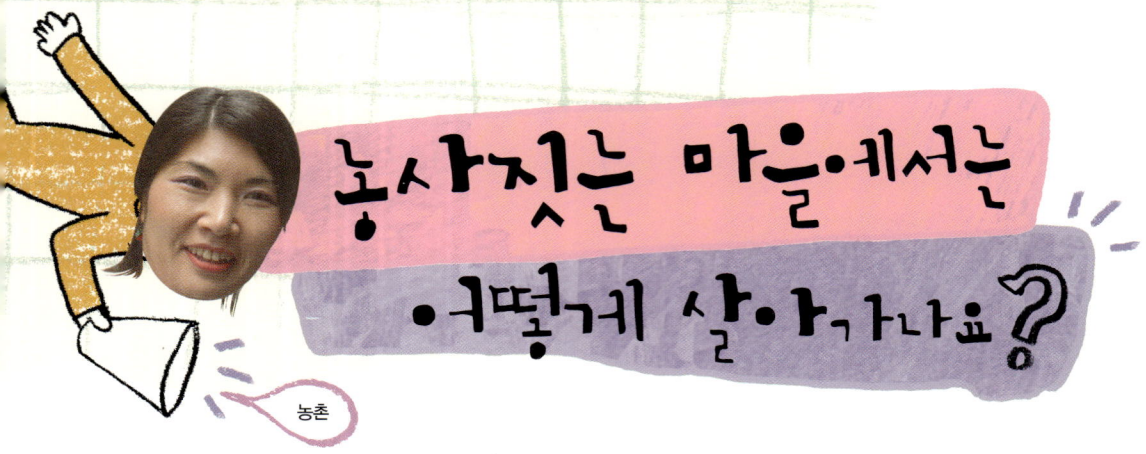

# 농사짓는 마을에서는 어떻게 살아가나요?

농촌

"새참 왔슈!"

"애고, 허리야. 뭣들 혀, 허리들 펴고 먹고 혀."

"올해는 풍년이여. 낫을 쉴 틈이 없어. 어여 먹고 부지런히 베자고."

예전에 우리 농촌에서 흔히 볼 수 있던 광경이지요.

농촌 사람들은 어떻게 살아가나요?

농촌에서는 지형에 따라 사는 모습이 달라요. 평야에서는 논농사를 짓고 구릉지에서는 밭농사를 짓지요. 완만한 산지에서는 과수원을 하고 대도시 근처에서는 비닐하우스로 채소와 꽃을 재배하며 살아가요.

가을이 되면 들판에 벼가 누렇게 익어 바람에 출렁여요. 예전에는 추수할 날짜를 돌아가며 정하고 어느 한 집이 추수하는 날은 모두 모여 추수를 했지만 요즈음에는 많이 달라졌어요. 기계가 추수를 대신 하기 때문에

한 사람이 기계를 조종만 하면 돼요. 추수는 빨리 끝나지만 이웃 간에 예전 같은 끈끈한 정은 줄어들어 아쉽지요. 수확을 하고 나면 볏짚을 말려 두었다가 외양간의 소에게 여물을 쑤어 먹여요. 집집마다 소를 한두 마리는 키우지요.

넓은 평야의 촌락과 달리 구릉지가 많은 곳에서는 밭농사를 주로 해요. 고추, 마늘, 감자, 고구마 같은 작물을 재배하지요.

산지 가까이 경사진 곳에서는 사과, 배, 감, 복숭아, 포도 등을 재배하는 과수원을 운영해요.

겨울이 온화한 남부 지방에서는 벼를 수확한 논에 보리를 심어서 이듬해 봄에 수확을 해요. 그리고 비닐하우스를 설치해서 파, 마늘 등을 재배하거나 토마토, 딸기를 재배하기도 해요. 대도시 근처의 농촌에서는 일 년 내내 비닐하우스 속에서 채소와 꽃을 재배하지요.

# 바닷가 마을에서는 어떻게 살아가나요?

"어야 디야 / 어기여차 디여로세 / 가자 가자 어서 가세 / 어장터로 어서 가세 / 어기여라 디여라."

이 노래는 전라남도 여천군 거문도에서 멸치잡이를 할 때 부르던 민요예요. 어떤 장면이 떠오르나요? 고기잡이를 하며 노를 젓는 장면이 떠오를 거예요. 어촌 하면 고기잡이가 가장 먼저 떠오르지요.

어촌 사람들은 어떻게 살아가나요?

어촌에서는 무엇보다도 고기잡이가 가장 우선이게요. 그 다음으로 물고기나 조개 등을 기르는 양식업과 소금을 만드는 천일 제염업도 하며 살아가요.

서해안의 어촌에서는 꽃게, 조기, 새우잡이를 주로 하고 남해안에서는 꽁치, 갈치, 멸치를 주로 잡아요. 동해안에서는 여름에 오징어잡이가 활발해서 밤이면 전등이 주렁주렁 달린 배가 바다에 한가득 떠 있는 것을 볼 수 있어요.

고기잡이 외에 양식업도 많이 해요. 서해안의 갯벌에서는 조개와 굴, 낙지를 주로 캐거나 잡고, 남해안에서는 파도가 잔잔한 만에서 김이나 굴을 키우거나 바다에 물고기를 가둬서 기르는 가두리 양식이 활발해요. 동해안에서는 파도가 너무 세서 양식업은 거의 하지 않아요.

서해안의 갯벌에서는 소금을 만드는 천일 제염업도 이루어져요. 갯벌을 다져 염전을 만들고 깨끗한 바닷물을 끌어들여 햇볕에 증발시키면 하얀 소금이 만들어져요. 이곳에서 만들어진 소금은 공장에서 기계로 말려 만든 소금과 달리 쓴맛이 없고 각종 미네랄 성분이 많아서 품질이 우수해요.

염전 소금을 만들기 위해 바닷물을 끌어들여 논처럼 만든 곳이에요.
미네랄 생물의 몸에 필요한 영양소로 칼슘, 나트륨 등이 있어요.

# 산간 마을에서는 어떻게 살아가나요?

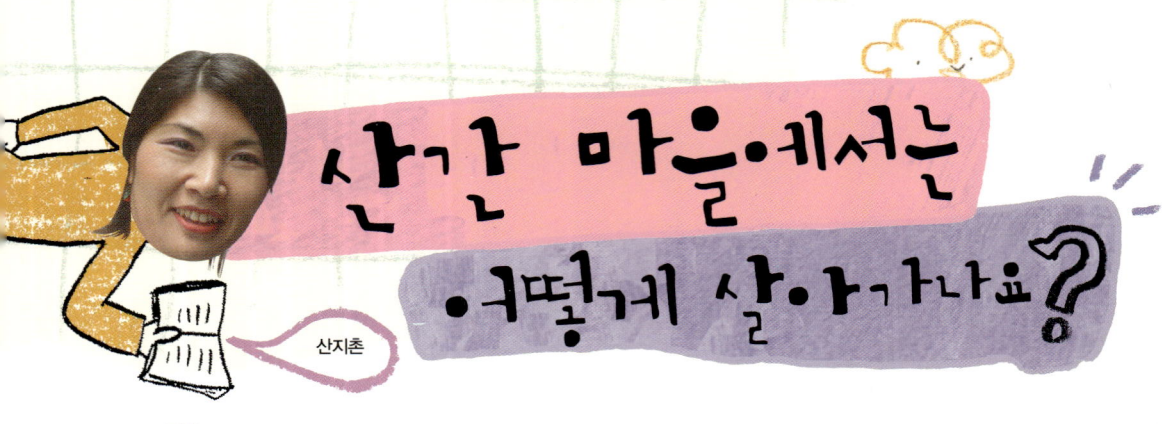

산지촌

산지촌 사람들은 어떻게 살아가나요?

산지촌에서는 고랭지 농업을 하거나 약초·버섯 등을 재배해요. 소를 기르기도 하고 산나물이나 약초를 채취하며 살지요. 지하자원이 많은 곳에서는 광산촌이 만들어지기도 해요.

　강원도는 산지가 대부분이고 여름 기온이 서늘해서 농사를 짓기가 쉽지 않아요. 특히 쌀이나 밀, 보리 같은 곡식은 더욱 귀하지요. 그래서 서늘해도 빨리 자라고 경사진 곳에서도 잘 자라는 옥수수를 많이 재배해서 밥 대신 먹었어요. 옥수수 외에 감자도 많이 재배하는데요. 요즈음에는 고랭지 농업으로 감자와 함께 배추를 많이 재배해서 소득을 올리고 있어요.

　산지가 많은 곳의 촌락에서는 약초나 버섯을 재배하기도 하고 소를 기르기도 해요. 전라북도 진안군은 지대가 높은 고원인데, 이곳에는 인삼이나 버섯을 재배하는 마을이 많아요. 강원도 횡성군에는 소를 기르는 촌락이 많고요. 주변의 산지에서 버섯과 산나물, 약초를 직접 채취하기도 해요. 소백산맥과 태백산맥으로 둘러싸인 경상북도 봉화군의 경우 산에서 송이를 캐서 높은 소득을 올리고 있어요. 송이가 많이 자라는 9월에는 해마다

송이 축제를 열어 관광 소득을 올리기도 하지요.

경상남도 하동군 화개면에서는 매월 1과 6으로 끝나는 날에 장이 열려요. 화개 장터라고 옛날부터 인근 주민들이 갖가지 물건을 팔러 오거나 사러 오던 곳이었어요. 장터에 들어서면 각종 약초와 산나물을 파는 약초전이 눈에 띄어요. 지리산자락에 사는 사람들이 더덕, 도라지, 두릅, 고사리, 송홧가루 등을 캐다가 파는 곳이에요. 석탄이나 철광석 같은 지하자원이 많이 묻혀 있는 곳에서는 광부들과 그 가족들이 모여 사는 광산촌이 형성되기도 해요. 우리 나라에서는 강원도의 태백, 정선 등에 일부가 남아 있을 뿐 이제는 찾아보기가 어려워요.

산지촌은 지형상 다른 곳과 오고 가기가 어려워서 살기에 불편하지만, 경치가 아름다운 데다 여름에 서늘하고 겨울에는 눈이 많아서 최근에는 스키장, 자연 학습장, 삼림욕장 등 여가 시설의 개발이 활발히 이루어지고 있어요.

송홧가루 소나무의 꽃가루를 말해요.

# 촌락에는 왜 할머니, 할아버지만 계실까요?

촌락 문제 1

여러분, 안녕하십니까? GBS 뉴스입니다. 민족 최대 명절인 추석을 보내고 서울로 돌아오는 귀경길이 극심한 정체를 빚고 있습니다. 오전 10시 현재 요금소를 기준으로 승용차를 이용할 때 서울까지 예상 소요 시간은 부산에서 7시간 50분, 목포에서 7시간 20분입니다.

평소에 부산 요금소에서 서울 요금소까지 걸리는 시간은 4시간 정도인데 거의 2배인 8시간이 걸리네요. 얼마나 많은 사람들이 서울로 돌아오면 이럴까요? 해마다 추석이나 설날과 같은 명절이면, 도시를 떠나 고향으로 향하는 사람들과 다시 집으로 돌아오는 사람들 때문에 고속도로는 주차장이 되어 버려요.

이러한 상황이 벌어지는 이유는 고향의 부모님을 찾아가는 자식과 할머니, 할아버지를 뵈러 가는 손녀와 손자가 전국에서 동시에 이동하기 때문이에요. 할머니, 할아버지만 촌락에 살고 계시고 자식과 손녀, 손자는 대부분 도시에 살고 있기 때문에 이런 현상이 벌어지는 것이지요.

왜 자식들은 도시에 살고 부모님들만 촌락에 남아 계시는 거예요?

가장 중요한 이유는 교육 때문이에요. 좀 더 좋은 고등학교에 가기 위해 인근의 도시로 떠나고, 좋은 대학에 가기 위해 대도시로 떠나지요. 대도시에서 대학을 나온 뒤에는 그곳에서 직장을 얻고, 결혼을 하고, 자식을 낳고 살아요. 그 결과 농촌과 어촌, 산지촌에는 노인들만 남아 있는 것이랍니다.

전국의 농촌 인구는 크게 줄었는데 65세 이상의 노인 인구는 1970년에 71만 명이었다가 2005년에 95만 명으로 오히려 늘어났어요. 고령화가 심각한 것을 알 수 있지요.

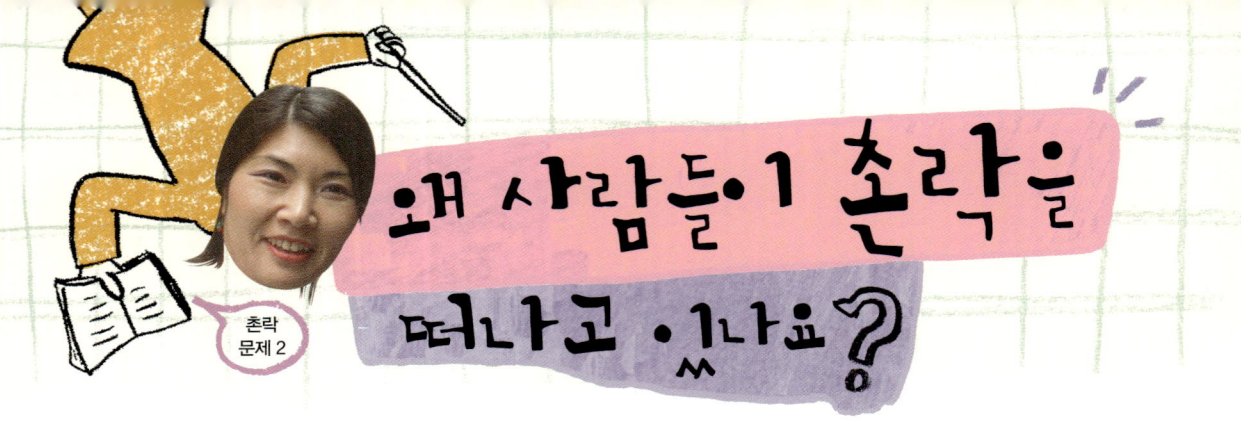

## 왜 사람들이 촌락을 떠나고 있나요?

촌락 문제 2

　오세영 씨의 《고샅을 지키는 아이》라는 만화를 보면 이웃이 모두 떠난 산골 마을에 나리네 식구 세 명만 사는 내용이 나와요. 나리는 함께 놀 친구가 없어서 하루 종일 혼자 지내다가 어두워져서야 엄마 아빠를 만나요. 엄마 아빠가 하루 종일 밭에서 일을 하고 일 년 내내 일을 해도 손에 들어오는 돈은 세 식구 먹고살기에도 빠듯할 지경이에요. 견디다 못한 엄마는 아빠에게 서울로 가자고 설득하지요.

나리네 가족처럼 사람들이 촌락을 떠나는 이유는 무엇인가요?

아빠, 인터넷이 또 안 돼요. 이사 가요!

배추 값이 크게 떨어졌대.

아무리 열심히 농사를 지어도 손해를 보는 일이 많고 일이 힘든 데다, 생활 환경이 여러 가지로 불편하기 때문이에요.

해마다 농산물 가격은 불안정하고 나라의 정책에 따라 작물을 재배하면 가격이 뚝 떨어져 손해를 보는 경우가 많아요. 그래서 빚을 지고 있는 농부들도 많지요. 규모도 작은 데다 자연 재해로 피해를 입는 경우도 많아서 손해가 커요. 그러니 돈벌이가 되지 않는 촌락을 떠나 일자리를 찾아 도시로 향하는 것이지요.

젊은이들은 촌락에서 사는 것을 더 힘들어해요. 농사를 짓거나 고기를 잡는 일은 무척 힘들거든요. 그래서 쉽게 돈을 벌 수 있는 기회를 찾아 도시로 떠나는 거예요. 더구나 극장도 없고 쇼핑몰도 없고 놀이공원도 없는 데다, 좋아하는 가수가 콘서트를 해도 대도시까지 나가야 겨우 볼 수 있지요. 이렇게 재미가 없으니 젊은이들이 촌락을 떠나는 거예요.

돈 벌기 힘들고 생활 환경이 불편해서 젊은이들이 자꾸 빠져나가니까 촌락에서는 노동력이 부족해지고 생산 활동은 더욱 줄어들어요. 도시가 자꾸 늘어나면서 농경지는 도로와 건물로 바뀌어 가고, 해안가도 개발이 되어 어장과 갯벌이 파괴되고 있어요. 생활 터전이 사라지니까 또 다른 이웃들이 떠나가지요. 이렇듯 촌락에서는 악순환이 계속되고 있답니다.

촌락 문제 해결 방안

# 촌락을 '살고 싶은 곳'으로 바꿀 수는 없나요?

지금까지의 촌락은 '떠나고 싶은 공간'이었어요. 이제부터 '살고 싶은 공간'으로 바꿔 볼 수는 없을까요?

굳이 도시로 가지 않아도 만족하며 살 수 있고, 떠났던 사람들도 돌아오고 싶은 촌락으로 만드는 방법은 없을까요?

> 사람들이 촌락을 떠나는 이유를 되짚어 볼까요? 자식을 가르칠 좋은 학교가 없다는 점과 아무리 열심히 일을 해도 소득이 적다는 점, 노동력이 부족하다는 점, 생활 편의 시설이 부족하다는 점 등이 주된 이유였어요. 이런 문제점을 해결하면 사람들은 스스로 촌락으로 돌아오겠지요?

먼저, 교육 문제는 어떻게 해결할 수 있을까요?

도시에서는 경험할 수 없는 대안 학교를 세우는 거예요. 경쟁보다는 협동과 여유를 가르치거나 기존 학교에서 배울 수 없는 기술이나 예술, 발명, 생태 등을 가르치는 특화된 학교를 만들면 오히려 도시의 학생들이 촌락으로 이사를 오게 될 거예요. 그리고 촌락의 학생들을 위해 교육 시설을 우선적으로 개선해 주고, 학비를 받지 않는 무상 교육을 실시해서 혜택을 주어야 해요.

다음으로 촌락의 소득을 올려 생활을 윤택하게 하려면 어떻게 해야 할까요?

농업 소득이 상업이나 공업 소득보다 높아질 수 있도록 새로운 농사법이나 농작물 재배법을 알려 주어야 해요. 대표적인 것이 유기 농법이지요. 그리고 도시의 소비자 공동체와 연대를 하거나 '직거래 장터' 등을 운영해서 안정적인 판매망을 갖추어야 해요. 농·공 복합 단지를 만들어서 겨울처럼 일이 없을 때에는 공장에서 일을 할 수 있게 해 주어야 하고요. 자기 고장

유기 농법 화학 비료나 농약을 쓰지 않고 유기물을 이용하는 농업 방식을 말해요.
연대 여럿이 함께 일을 하거나 책임을 지는 것을 말해요.

의 특산물로 제품을 만드는 공장이라면 더욱 효과적이겠지요.

  이 밖에도 농촌의 자연 경관과 문화를 관광 상품으로 개발해서 관광 소득을 올릴 수 있어요. 아름다운 자연 환경을 활용하고 '농촌다움'을 경험할 수 있는 개성 있는 체험 프로그램을 개발하는 것이 성공의 비결이겠지요. 각종 지역 축제가 이러한 노력에 해당돼요.

  그러면 일할 사람이 없는 문제는 어떻게 해결해야 할까요?

  젊은이들이 일자리를 찾아 도시로 떠나 일손이 부족한 문제는 '두레 공동체'를 만들어 해결할 수 있어요. 모내기·김매기·추수하기 등 농산물의 생산에서부터 저장과 유통, 판매까지 그리고 집안의 크고 작은 일에서부

터 마을 공동체 문제에 이르기까지 모두 함께 하면서 일손 부족 문제를 해결할 수 있지요.

생활 편의 시설이 부족한 문제는 몇 개 마을을 묶어서 한 가지 시설씩 나누어 마련해 주고 함께 이용할 수 있게 하면 해결할 수 있을 거예요. 이처럼 다양하게 노력한다면 촌락은 시간이 지날수록 점점 살고 싶은 공간으로 바뀔 거예요.